2025中国大学生考研数据分析

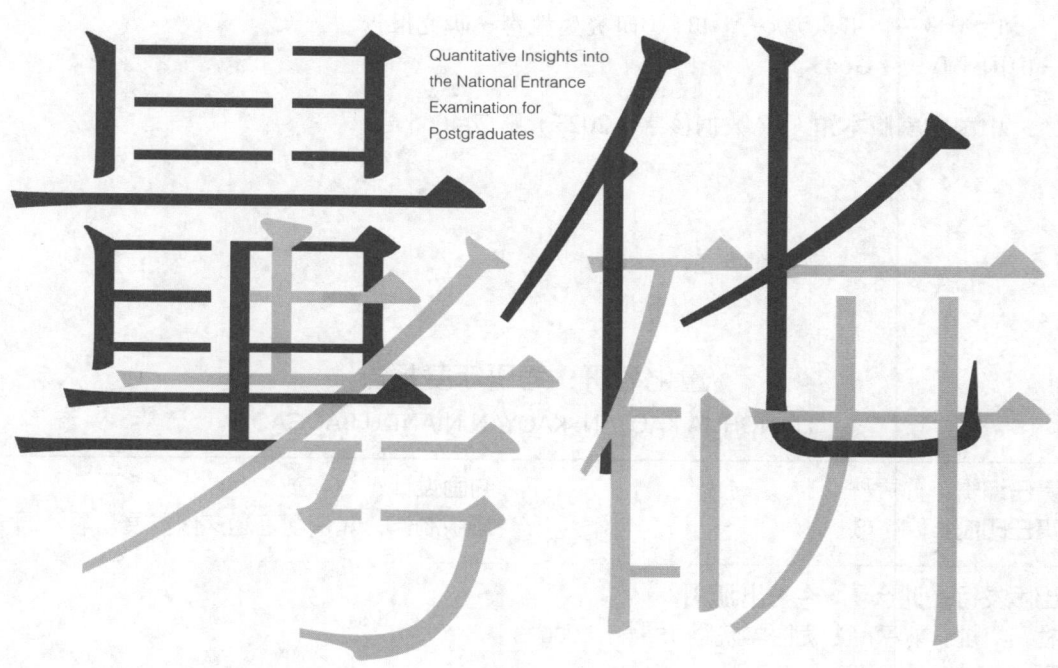

Quantitative Insights into the National Entrance Examination for Postgraduates

考研年度报告

新东方大学生学习与发展中心　编著

© 2024 北京语言大学出版社，社图号 23263

图书在版编目（CIP）数据

量化考研：考研年度报告 / 新东方大学生学习与发展中心编著. -- 北京：北京语言大学出版社，2024.2（2024.3重印）
　ISBN 978-7-5619-6478-1

Ⅰ.①量… Ⅱ.①新… Ⅲ.①研究生教育－研究报告－中国 Ⅳ.① G643

中国国家版本馆 CIP 数据核字（2023）第 244065 号

量化考研：考研年度报告
LIANGHUA KAOYAN: KAOYAN NIANDU BAOGAO

责任编辑：孙冠群	封面设计：乔　剑
责任印制：周　燚	排版制作：北京创艺涵文化发展有限公司

出版发行：北京语言大学出版社
社　　址：北京市海淀区学院路 15 号，100083
网　　址：www.blcup.com
电子信箱：service@blcup.com
电　　话：编辑部　8610-82303670
　　　　　国内发行　8610-82303650/3591/3648
　　　　　海外发行　8610-82303365/3080/3668
　　　　　北语书店　8610-82303653
　　　　　网购咨询　8610-82303908
印　　刷：东港股份有限公司
版　　次：2024 年 2 月第 1 版　　印　次：2024 年 3 月第 2 次印刷
开　　本：787 毫米 ×1092 毫米　1/16　印　张：8.25
字　　数：176 千字
定　　价：30.00 元

PRINTED IN CHINA
凡有印装质量问题，本社负责调换。售后 QQ 号 1367565611，电话 010-82303590

PREFACE

序言

志向与磨砺

一、人生磨砺和发展

1 什么是志向

什么是"志向"？其实这个概念我们都很清楚。人无志不立，一个人一辈子如果内心没有某种志向，没有某种目标，就立不起来。孔子说"三十而立"，实际上就是指立定一辈子的志向。去看孔子的发展路径，他就是在三十岁的时候立定了用教化感化人心，并且推动教育发展的理想。到六十岁时，他开始整理《诗经》《春秋》等古籍，也即常说的"诗、书、礼、易、乐、春秋"，这都是沿着他的志向发展的。

人生有志向，就像我们走路有了指南针，或者在沙漠中看到了北极星。所以我们今天要讲一讲志向对我们人生最重大的作用。好多人说，这个是不是又是鸡汤？其实它是鸡汤，也不是鸡汤。说它是鸡汤，是因为你知道了志向的重要性，你应该就会沿着你未来的方向努力；说它不是鸡汤，是因为没有任何人在人生中可以回避这个问题，很少有人会在醉生梦死中对自己感到满意。

就像马克斯·韦伯所说的那样："人是悬挂在自己编织的意义之网上的动物。"只要生而为人，就意味着我们不得不去思考这辈子到底想干什么。

有了志向，就有了方向，所以确立人生志向绝对是非常重要的一个步骤。当然，人生志向不是一下子就能够确立的。以我为例，我的志向基本是阶段性的。第一个志向是要考上大学，第二个志向是要成为大学老师，第三个志向是想出国读书——这个没有完成，后来就自己出来做了新东方。

做新东方的第一个志向是慢慢做大，第二个志向是上市，第三个志向是不断发展。到最后，自己的个人志向和事业志向逐渐混为一体，终于发现，自己挣钱或是有车有房，这并不是一个人真正的志向。

真正的志向是即使一辈子都可能无法实现，但依然能激励你不断向前的内在动力。我们并不要求每个人现在就要有一个自己一辈子明确的志向，但必须要有这样的一种心态：我要去寻找这样一种志向。

所以，一个人确立志向，并且内化自己的志向，就变成了第一步。内化是一个时间比较长的过程。以我为例，我现在是一个六十岁的老头儿，不管你说我是帅老头儿也好，丑老头儿也好，在六十岁面向未来，我是不是就没有志向了呢？依然会有！

在某种意义上，志向不是一个具体的、人生要去实现的目标，比如要买一栋房子，要买一台车，或者要在北大读研究生，或者要到国外读博士等。这些构成了志向的一部分，但绝对不等于志向。人的志向可能是一辈子都实现不了的，比如我们要实现共产主义的伟大理想，但共产主义的伟大理想对我们来说，可能不是一代人的努力就能实现的，而是需要好几代人的努力。

之前我读过一篇关于古埃及方尖碑的故事。在古埃及这个几乎什么都没有的时代，要从花岗岩上凿出一个完整的、几百吨甚至上千吨重、竖起来有几十米高的方尖碑是非常不容易的。没有一代人能把一块方尖碑给砍出来，甚至要砍上两百年，才能从花岗岩的石头山上将其挖出来，再竖到神庙中去。这篇文章结尾提到，古埃及人为什么要这么做？一代人都看不到结果，甚至两代人都看不到结果，为什么还要这么做？书中有一句话特别打动人心——"What's the rush? If we are building something for eternity."这句话翻译成中文就是："如果我们在为永恒做某件事情，我们有什么好着急的呢？"

人生是短暂的，而志向是远大的。我们一辈子，有时候可能能实现自己的志向，也有可能实现不了，但没关系，因为志向会引导我们的人生走向崇高，走向更高的高度。尽管此生不圆满，但是我们能不断走向圆满，这特别重要。

志向就是你愿意为此贡献一生，且贡献了之后不会后悔的东西。你买一栋房子，为它贡献一生，你会不会后悔？可能会，可能不会。但物质所带来的一个结果就是，你一旦得到，就已经失去。比如你想买一个奢侈品包，这是很多女生的梦想，当你终于有这笔钱买了奢侈品包，满足感最多持续一周。当然，有时候你背着包出去，如果包是真的，别人看出来了会说你很厉害，背了某个品牌最好的包，但也仅此而已，它不可能带来时时刻刻的内心满足。

任何志向，如果是物质性的，其实都不能叫志向。那物质性的东西要不要？当然要。我们如果没有房子住，没有汽车开，甚至连饭都吃不上，你来讲志向，是不太容易的。像颜回那样一瓢水一箪食，安于贫困，不改其志，要跟着孔子变成圣人，这种人是很少的。但我们也都知道，颜回因为过得实在太清贫了，影响了身体健康，最后年纪轻轻就去世了。

物质生活和志向并不矛盾，但它不等于志向。即使你最后厉害到能买游艇、飞机，这些能带来的也都是短暂的心理满足。志向和我们的精神层面、心灵层面，和生命的永久丰富性，以及生命长久的成就感是有关系的。买一台好车或一个喜欢的包能带来成就感，毕竟这是通过自己的努力奋斗换取的财富，这个成就感是没问题的。我第一次买房子的时候也高兴了差不多半个月，很高兴，但这种东西不能带来长久的充实感。

新东方给我带来的物质财富当然也让我很有成就感。但是，与新东方今天还在帮助千百万孩子和青年人通过学习来成就自己这件事相比，物质带来的成就感就可以略而不计。

再比如，这一次新东方火爆的"东方甄选"，确实为新东方带来了更多收入。原来我们平台一天的销售额只有五六十万元，佣金最多是百分之十，连员工的工资都不够发。现在因为火爆后，平台的收入确实增加了，员工的收入也增加了，这个确实有成就感，但在我心中，最大的成就感是"东方甄选"能帮助特别多的基层老百姓、农民，能够让他们的农产品为他们带来更高的收入，同时更好地帮助消费者接触到优质产品。从这个意义上来说，怎样建立自己长久的精神性的志向，就变得特别重要。

我想讲的第一点实际上就是一个要素。大家需要想一想，在岁月流逝的过程中，你是不是会有一个慢慢明确的方向，这个方向值得你去奋斗，而且即使你达不到最终的成就，也能让你的生命走向丰富。

2 志向的重要性

到了我现在这个年龄，我的志向是什么？就是愿意以自己的努力，或者以新东方构建的平台去帮助更多人，尤其是去帮助那些特别需要帮助的人，比如农民，还有山区和农村地区急需优质教育资源的孩子们。

就我本人来说，我愿意阅读更多的书，并且把读的书推广给愿意读书的人；我愿意把自己的感悟写出来分享给更多的人。这样做，不管多少岁月过去，回头去寻找这一路的痕迹，就会觉得这构成了我生命丰富性和成就感的一部分；不管经历多少岁月，我都不会因为做了这件事情而感到后悔。

一个有志向的人，会有两个特点。

第一，生活中遇到障碍也好，苦难也好，不幸也好，他都会把它看作成就自己人生的营养。也就是说，一个没有志向的人是很容易被现实打倒的，现实中很多琐碎的事情就可以把他打倒。比如工作以后，工作中会出现无数琐碎的事情；成家以后，家庭中会出现无数琐碎的事情。这些琐事让你充满烦恼，变得焦虑。如果没有方向感，这些烦恼、焦虑、琐碎的事情就很容易影响你的情绪，压垮你的精神。我发现那些内心焦虑的人，当我问他们一生到底想干什么时，他们基本上讲不出来。

人的心理健康状态跟人的迷茫、焦虑和人面对生活中大量的问题没法解决时的心态相关。有人问，这些问题本身就存在，那该怎么解决？你不需要解决，你需要的是有快刀斩乱麻的精神，一刀下去，所有的结都解开了。那刀在哪里？刀就是你的志向。

志向带来的动力，能让你脱离现实中的泥潭，把你从烂泥中拔出来。你的生活中如果出现了苦难和不幸，或者某件让你痛苦的事情，你都会把它看作一种未来将成就你更高人生的营养。孟子说："天将降大任于是人也，必先苦其心志，劳其筋骨。"也就是说，有时候苦难经历会变成一种养分。有志向的重要性就在于，它能让我们摆脱苦难，能让我们超越苦难。

第二，一个有志向的人不会屈服于现实，他不会在苦难中沉沦，因为他的志向还没实现，所以会愈挫愈勇，会产生一种有意思的——即使是虚幻的——心理状态：觉得所有的苦难都是老天给他的考验，就像孙悟空被压在五行山下五百年，就是为了让他最终到西天取经成佛。有这样一种精神支撑，会让人立于不败之地。某种意义上，人和动物的区别就是动物靠肉体活着，而人除了肉体，更大的力量来自精神。

这个精神的内在动力就是你的志向。如果你觉得考研是你的志向，我也不否认，但考研实际上只是志向的一部分。如果你考研是为了逃避现实，那么你并不知道考研和读研与你未来的生活甚至整个人生有何关系；如果考研就是因为找不到工作，就是为了考一个好大学可以向别人炫耀，那考研就是没有意义的。

想要找一份好工作没问题，想要逃避现实也没有问题，但这些都不足以构成你走向未来的志向。人生的志向，可以是朦胧的，不一定是非常清晰的，只要你的内心能产生一种绝不停止、不断拉动你的动力，你就不会停止脚步，你的考研才有意义。

二、激发自己生命的活力

在有志向的前提下，我们又如何激发自己生命的活力呢？

现在有个词叫"内卷"，大家非常焦虑地面对竞争。"躺平"让大家再也不愿意奋斗，甚至到了摆烂的地步。

当然，每个人都有不同的选择，但从一辈子的角度来说，你是过一种蓬勃向上、充满活力、充满惊喜、充满收获的人生好，还是过一种每天重复、有气无力、消极被动的人生好？我相信每个人都希望过第一种人生，所以激发我们生命的活力就变得尤为重要。

 摆脱两种舒适区

我想讲讲舒适区。我们常说人不要躺在舒适区，我们也常说温水煮青蛙，有时候在舒适区就把人煮"死"了。其实，凡是做过实验的人都知道，把青蛙放在凉水中，慢慢加温，水温达到一定程度，青蛙一定会从水中跳出来；如果突然把青蛙扔到开水中，青蛙反而起不来，把它扔到开水中的一瞬间，它就被烫伤了。这个实验证明温水煮青蛙是不成立的。

但温水煮青蛙的实验给了我们两种启示。第一，突然面对某种根本不可抗的挑战和压力，这是毁灭性的，就像把青蛙突然扔到开水中，即使它有再大的弹跳能力，它也跳不出来。第二，当我们感觉周边的环境已经不舒适时，我们有弹跳能力这件事情就变得非常重要。假如水慢慢开始变热，青蛙根本没有弹跳能力，它就没法从越来越热的温水中跳出来，最后结果会是什么呢？这只青蛙也会被煮死。总而言之，一是我们作为个人应该尽可能避开会把我们挑战到崩溃的场景，二是我们要有能力让自己从不舒服的状态中跳出来。

接着再说回舒适区。一个人不愁吃穿，或者工作稳定，拿着一份很好的薪酬，不努力不进步也能熬到退休，这是一种舒适区，但这只是舒适区的一种。舒适区有两种，一种是人生舒服不需要努力，一种是人生不舒服不想努力。这两个都叫舒适区，一种叫舒服的舒适区，一种叫难受的舒适区。

以家庭为例，夫妻两个人很恩爱，从来不吵架，两个人都没有太大志向，都有自己的工作，家庭条件也不错，没有任何兴趣再去挑战自己，这叫舒服的舒适区。如果夫妻之间天天打架，互相伤害，却没有动力或者勇气斩断这样难受的关系，重新去建立一个更好的新关系，这就叫难受的舒适区。很多人在对付老板的难受中、在单位的难受中、在家庭关系的难受中，依然熬过了自己的一生。这样的人，他难受不难受？他难受。那么他舒服不舒服？不舒服。但他依然不愿意改变。

你是处在舒服的舒适区，还是难受的舒适区？比如我当初做新东方之前，在某种意义上是处在难受的舒适区，为什么？因为当时我没钱，在北大还受了处分，这种情况下我很难受，但我可以选择在北大待着，反正也不会丢工作，慢慢熬成个北大教授。但我发现，这个情况对我来说不行，我必须改变，所以我跳出了当时难受的舒适区。

而我现在的状态，是舒服的舒适区。我有车有房，经济条件还可以，还有事业，即使新东方倒闭了，我个人的生活也不受影响。但我对自己提出的要求是不管是在难受的舒适区，还是在舒服的舒适区，我都要离开舒适区。我不希望自己在舒适区里消磨自己的生命。

人在陌生环境中会激发出自己充分的活力。现在我们在城里，你的很多能力是暗藏着的，或者会慢慢失去。比如在城市中你不需要辨别方向，不需要仰望星空，不需要问水源在什么地方、饭菜在什么地方。但把你扔到一片草原中，让你孤身一人玩三天，不让你见任何人，但是告诉你，在你的正南方向，你只要走三天，就能看见村庄和城市，而这三天的饮食，需要你在草原上自己寻找。我相信所有人只要进入这个场景，生命的活力立刻就会被激发出来。在这个时候，什么焦虑、担忧，有没有房子，全都没有了。你想的只有一件事：一定要活着走出去。

这就是环境激发出来的生命活力。比如你在荒地中，要往正南走，你立刻就会设法确定方向。怎么找？你会根据早上太阳的升起、晚上太阳的落下确定方向。你也会确定一个正南方的地标，看着地标往前走。到了晚上，你会去寻找北斗星，根据北斗星的方向来确定正北和正南，这样才不会失去方向，你暗藏的能力就被激发出来了。

当然这只是一个比喻。我想告诉大家，只有陌生的环境，或者给你提出挑战的某种场景或者某件事情，才能激发出你根本想象不到的、你自己身体中潜藏的能力。

如果我一直待在北大，或许现在也会是个副教授，更理想点儿就是个教授。但我相信在那种情况下，我身上那些努力了解社会的能力、接受挑战的能力、在绝境中求生存的能力，还有我身上的管理能力和领导力等，是完全不可能产生的。

为什么？因为不需要。一个人的能力如果不用，一定会退化，越用才越有长进，用进废退。所以对我们来说，如果我们想去迎接更有意义的生命，就要去寻找脱离舒适区的场景，进入陌生场景。

你背着包去旅行，走进一个陌生的城市，和陌生的人打交道，就一定会激发你身上某种对于陌生地方的反应能力，你会发现原来自己处理陌生的能力很强大，自己交朋友的能力也非常强大。我把这叫作"陌生效应"。

为什么有时候我建议大家一个人背着背包出去旅行？因为你和一群朋友出去旅行，即使到了陌生的地方，也依然是在朋友中转圈，你并没有接受陌生的考验。如果要接受陌生的考验，你就要自己一个人去面对这个世界。

当然，有时候我们可能应付不了一些考验，那没关系，只要命没有丢掉，你就可以往后撤。大家去面对挑战，要有一个底线，这个挑战不管多厉害，原则都是不要把命搭上。比如你要徒步穿越沙漠，你不能不带指南针、水和食品；你要创业，不能借高利贷创业。

2　清零和重启的勇气

人要有勇气斩断、告别过去，学会清零和重启。这件事真的需要勇气。比如前面提到的难受的舒适区，你在公司，除了拿一份薪酬，已经没有任何感情，但你又不敢斩断，怕斩断后自己失业了，没工作了。你到底应该怎么做？我认为要斩断了再去找新工作。

很多人会有一种心态，要先做好准备。比如，夫妻关系已经到了不可收拾的地步，想离婚，但后面还没找好，离婚后什么都没有了，就干脆不离了，看看能不能先找到另一半。结果既离不了也找不到，因为两边都不能投入。如果你不给自己留任何后路，背水一战，你的前路就是你唯一的选择。既然前路是唯一的选择，你就必定向前走。我们要先学会斩断、告别过去，再去开创、走向未来。这就叫学会清零。

清零后，应该如何更好地活下去，这叫重启生命。当然，小的生命每天都能重启，比如我就学会了一种心态，每天早上告诉自己今天是个 New Beginning（新的开始），昨天的烦恼和问题就留给昨天。甚至有时候我会当天重启，比如有时候我处理了一件特别烦琐的事情，事情也没处理好，内心充满烦恼，这个烦恼导致我后面所有的事情都做不下去，这个时候我就会重启。

重启很简单。手机垃圾储存多了后，速度会变慢；电脑垃圾多了后，速度也会变慢。这时你会做两件事：第一，清理，把不重要的东西删掉；第二，重启，重新设置一下。人的生命也可以这样。我是怎么做的呢？

遇到烦恼，我就先放松心情，闭目静坐，深呼吸十下，告诉自己，那两个小时在你的生命中已经过去了，彻底清掉。紧接着我会给自己定一个任务，比如读几十页书，或者跑几千米步。这样在读书和跑步的过程中，我既完成了重启，也有了新的收获。

要有勇气斩断和告别，要学会清零和重启。要学会把那些坏东西清零，否则它会占用你的内存和能量。人的焦虑和烦恼是最消耗能量的。能量消耗有明显的特点，本来一件你可以轻松去干的事情，就是不想干。比如，我一天在公司忙得半死不活，遇到了一些烦恼的事情，原本晚上留了两个小时想写周记或写文章，就绝对不想写，完全没能量了。但如果遇到了高兴的事情，或者通过某种体育运动让自己活力回归，那时候我再写东西，就轻而易举了。

学会清零，学会重启，就是让你的能量重新回到身体中，让你愿意去面对某个更大的挑战。面对挑战，需要有生命的活力和能量，而生命的活力和能量，就来自于你有勇气迅速斩断和告别过去，因为过去有可能已经变成了你人生重大的负担。

此外，当我们走出舒适区，要学会放下，而不是放弃。人很容易放弃勇气，放弃自己对生命的期许，放弃自己的志向。我们反而没学会放下。当你放弃这些无比重要的东西时，你反而拿起了人生中占用大量能量的无聊的东西。比如斤斤计较某个人对你说的一句话，斤斤计较这个月少拿了一百元奖金，斤斤计较同学对你说了一句让你感觉内心受到伤害的话。

越是放不下生命中那些琐碎、无聊事情的人，越容易放弃生命中重要的东西。越能够不放弃生命中重要的东西，比如对志向的追求、对自己的期许，越容易放下生命中占用能量的垃圾。

中国有句话叫"吃亏是福"。所谓吃亏是福，就是你没必要去计较那些没必要计较的东西，要让你的生命变得干净一些，聚焦于追求生命中最重要的东西。

我到今天为止，对自己最高兴的一点就是，我每天努力追求的事情，都是不会让我后悔的事情。比如读书，《红楼梦》和《论语》哪怕读上一百遍，我也不会后悔。

我尽力放下对物质的纠结，放下对人与人之间复杂关系的纠结。我希望这些东西不占用我生命的能量，让我的能量可以去做更多美好的事情。

3　做有挑战的事情

要经常做一些有一定挑战性的事情。前面说温水煮青蛙，如果把青蛙突然扔到开水中，那是要命的。现在直接把你送到珠穆朗玛峰脚下，让你明天必须登上珠峰，最后你一定登不上珠峰。但是如果告诉你，一年以后让你登珠峰，你就可以从现在开始爬香山、爬泰山、爬四姑娘山，甚至挑战各座雪山，一点儿一点儿往上爬，一年以后大概率你就能登上珠峰。

为什么要有一定的挑战性，而不是绝对的挑战性？因为人面对挑战的能力是逐步提高的，一定的挑战性是对你来说有一定难度的事情。比如一天背二十个单词对你来说是一件轻而易举的事情，那是不是可以挑战一天背一百个单词？如果一天背一百个单词对你来说轻而易举，那能不能一天背两百个单词？这就叫作"具有一定挑战性"。如果一天读五十页书对你来说轻而易举，那是不是能挑战一天读一百页？如果爬五百米高的山是一件相对轻松的事情，那有没有可能去爬一座一千米高的山？如果爬一千米高的山是一件相对轻松的事情，那有没有可能去爬一座三千米高的山？

很多跑马拉松的人都有这样的感觉，刚开始跑马拉松时，最开始的一千米都有点儿跑不下来，通过努力跑到五千米，然后再努力跑到十千米，最后，我身边一些跑马拉松的朋友如果不跑全程马拉松就浑身难受，因为他们已经习惯挑战了。如果他们从没有跑过马拉松，一开始就跑四十千米马拉松，一定半路就放弃了。要逐渐适应挑战性，经常做一些对自己来说有一定挑战性的事情，让挑战逐步升级，这也是对我们人生发展最好的设计。

三、磨难和障碍是人生的弹跳板

前面提到人生志向时说到了一句话："人生志向是对抗人生困难或者磨难的最好方法。"我想再补充一句："磨难和障碍也是人生的弹跳板。"人生要飞向更高处是需要力量的。这个力量来自什么地方？一方面来自内心对自己的期许；另一方面，你需要有弹跳板，这个弹跳板就是人生中遇到的困难。一个人遇到的困难和挑战越多，越是被别人看不起，越愿意自我奋斗去面对困难或者磨难，人生就有了弹跳板。

我个人的几次飞跃，基本来自面对困难后的弹跳能力。

比如我的高考，第一年、第二年没考上，第三年考上北大，这是弹跳能力。在大三的时候，得了肺结核，我没有沉沦，因为那时肺结核已经能治疗了，对我来说没有生命之虞。在医院的那一年，我拼命读书，学英语，背单词，结果生病那一年反而成了自我发展最好的一年。后来我被北大处分，我没有自暴自弃，反而激发了斗志，从北大出来创立了新东方。

新东方创业初期各种各样的困难就不提了。在新东方三十年的发展过程中，发生了两件比较大的事情。一件是在2012年，美国浑水公司对新东方的攻击差点儿让新东方倒闭，但正是浑水公司对新东方的攻击，使新东方成为在美国上市的中国公司中管理最规范，也最受世界资本市场认可的公司之一。另一件就是在2021年，政策促使新东方转型，最后促成了"东方甄选"的发展。

人生需要有弹跳能力，而弹跳能力反而来自你生命中不如意的事情，这好像有点儿自相矛盾，但事实如此。比如，有的人被对象抛弃了，对方嫌你没出息，嫌你家庭条件不好，最后离开了你。糟糕的人，恨不得把对方干掉；不那么糟糕的人，就自我消沉，自暴自弃；厉害的人则选择努力。有句话叫"十年之前你对我爱搭不理，十年之后我让你高攀不起"，当然，这是一个比较庸俗的说法，但重点就是，人生需要有弹跳能力。

凡是有弹跳能力的人，都能取得较好的成就。

司马迁，一般人遇到他那样的事情这辈子就放弃了，但司马迁内心有志向，那就是要完成一部史学著作。他忍辱负重，成就了千古名作《史记》；苏东坡，其他被贬谪或是被关进过监狱的人，也许从此以后就消沉了，但苏东坡从监狱出来，被流放到了黄州，后来又被贬到惠州，被贬到儋州，结果写下了很多千古名篇；孙膑被挖掉了膝盖，最后想办法逃出生天，完成了复仇；又或者一些外国名人，比如罗斯福，都是经历了苦难，才取得了成就。

我做直播的时候，碰上一个孩子，叫刘大铭，从小就是"瓷娃娃"，做了十一次巨大的手术，医生预料他最多活到十一二岁，但到今年他已经接近三十岁了。他不断对生命、对自己提出期许，一次又一次战胜生命中的苦难，学习还特别好，后来还到英国爱丁堡大学留学。今天，他依然坐在轮椅上，但他下定决心要为中国的残疾人事业做出自己的贡献。我觉得这样的人，精神真的特别可嘉。

生命处于低谷或者遇到磨难，就应该有这样的反弹能力或弹跳能力。英文里，这个单词叫resilience，中文里翻译成"韧性"。韧性是什么？通常就是弹簧压下去以后，能够迅速弹起来的能力。这个词用在人的身上，指的就是人可以迅速从困难、压力、压抑中反弹起来的能力。

在遇到磨难和困难时，我们要调整好心态。很多人习惯性地把自己遭遇的事情归咎于某个外部因素，这样做犯了一个严重错误——你不愿意承担责任。困难有可能是外部因素造成的，也有可能是因为你的性格，或者是因为你做事情不成熟。

不管怎么造成的，请记住：事情的发生是对你的一次锻炼，是为了丰富你的能力和内心的一种考验。当然，如果真的是外部造成的，我们也要去追究外部的责任，但如果把所有责任都归咎于外部，带来的后果就是你不愿承担责任，最终变得怨天尤人。

四、人生重要的四件事情

最后，不管大家是在上大学还是在考研，我都想给大家分享我认为非常重要的四件事情。

第一，读书、读书、读书。要多读书，读优秀的书，让自己的思想、眼光、格局通过读书得到提升。重要的事情说三遍，读书、读书、读书。

第二，独立、独立、独立。思想独立，人格独立，生活独立，不依附，不攀附，成为一个优秀独立的人，像一棵独立地长在地平线上的树，让大家感觉到你是一个自立自强的人。这并不是说你有多少钱，有多高的社会地位，而是说你有独立人格和独立的生存能力。

第三，确立、确立、确立。确立人生目标，确立人生志向，确立自己良好的精神状态，确立自己的能量，确立自己的生活方向。只有确立了才会有方向，你才能往前走。

第四，努力、努力、努力。人生要顺应大势发展，任何一个人的人生，如果不顺应大势，就相当于逆水行舟。"逆水行舟，不进则退"，这句话当然是对的，但为什么非要逆水行舟？我们可以顺水行舟，但这并不意味着我们不努力。选对了方向，加上努力，就能更快成就精彩的人生。所以，努力、努力、再努力。

再把这四件重要的事情重温一遍：读书、独立、确立、努力。把这四件事做到了，人生就不会太差。

CONTENTS

目 录

第一章 考研趋势分析报告 ··· 1
   一、当代年轻人的就业与升学 ·· 2
   二、24 考研报名与计划招生趋势解读 ·· 16
   三、25 考研报考趋势预测及应对建议 ·· 24

第二章 24 考研硕士研究生统考计划招生数据 ································ 35
   一、24 考研硕士研究生统考计划招生数据 ···································· 36
   二、十四大学科门类硕士研究生统考计划招生数据 ·························· 45

第三章 新东方学员数据分析报告 ··· 101
   一、新东方 24 考研学员报考数据分析 ······································ 103
   二、新东方已上岸考生数据分析 ·· 113

第一章
CHAPTER 1
考研趋势分析报告

一、当代年轻人的就业与升学

（一）教育强国建设进入新阶段

2023年5月29日，在中央政治局第五次集体学习时，习近平总书记发表了主题为"扎实推动教育强国建设"的讲话，明确指出："建设教育强国，龙头是高等教育。放眼全球，任何一个教育强国都是高等教育强国。要把加快建设中国特色、世界一流的大学和优势学科作为重中之重，大力加强基础学科、新兴学科、交叉学科建设，瞄准世界科技前沿和国家重大战略需求推进科研创新，不断提升原始创新能力和人才培养质量。"[①]

党的二十大报告就已经把教育科技人才单独成章进行布局，强调要坚持教育优先发展、科技自立自强、人才引领驱动，加快建设教育强国、科技强国、人才强国。教育强国建设进入新阶段[②]。

根据教育强国3.0评价指标体系，"教育强国"的评价维度主要包括四个方面：教育公平、质量水平、服务能力和可持续发展潜力。一方面，教育公平、质量水平和服务能力这三个维度共同构成了教育强国的综合指数，这个指数能够全面反映一个国家教育发展的综合实力。另一方面，可持续发展潜力这个维度则主要关注国家对教育的保障水平，以此来评估其未来的发展潜力。这四个维度共同描绘了一个国家在教育领域的全貌，以及其在未来的发展趋势。

表1-1 教育强国3.0评价指标体系[③]

评价维度	具体评价指标
教育公平	高中阶段毛入学率（%）
教育公平	高等教育毛入学率（%）
教育公平	教育基尼系数
质量水平	初中毕业年级阅读/数学达标学生比例（%）
质量水平	适龄人口高中阶段教育完成率（%）

---

① 习近平．扎实推动教育强国建设[J]．求是，2023，18．
② 中国教育科学研究院课题组．建设教育强国：世界中的中国[J]．教育研究，2023，2．
③ 数据来源：中国教育科学研究院课题组，《建设教育强国：世界中的中国》

续表

评价维度	具体评价指标
质量水平	高等教育留学生占全球留学生比例（%）
	三大高等学校排名平均前200高等学校数（个）
	累计诺贝尔科学奖和菲尔兹奖获奖人数所占比例（%）
服务能力	高等教育毕业生中STEM学科学生比例（%）
	25岁及以上人口平均受教育年限（年）
	每百万人口中研究人员数（人）
	全球高被引科学家占比（%）
	数字化人力资本
	高技能人才占就业人员的比例（%）
可持续发展潜力	国家财政性教育经费占GDP的比例（%）
	中小学生师比
	高等学校基础研究经费占基础研究总经费的比例（%）

在2022年的教育强国指数排名中，前十五名的国家在教育综合实力上相较于其他国家展现出了显著的优势。

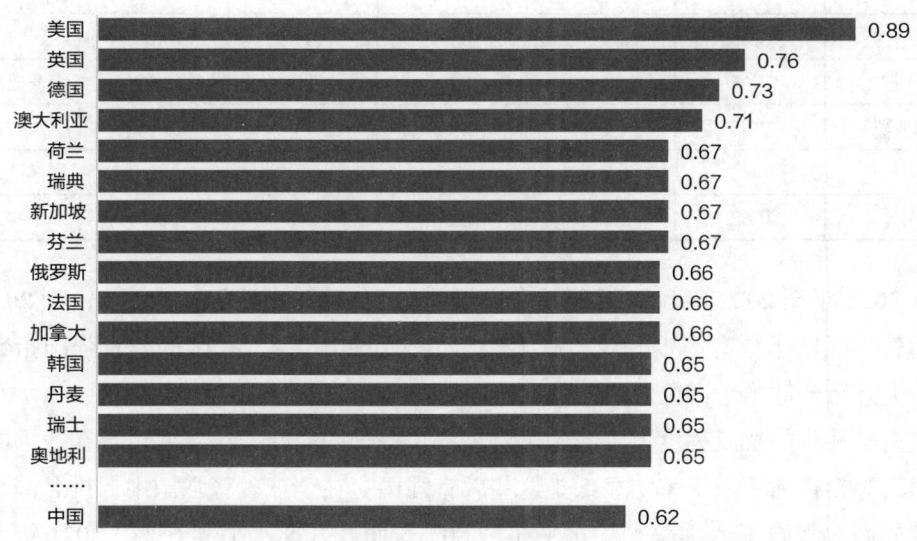

图1-1 排名前15位教育强国与中国教育强国指数得分[①]

根据测算结果，2022年教育强国指数达到0.65的国家包括：美国、英国、德国、澳大利亚、荷兰、瑞典、新加坡、芬兰、俄罗斯、法国、加拿大、韩国、丹麦、瑞士和

[①] 数据来源：中国教育科学研究院课题组，《建设教育强国：世界中的中国》

奥地利。这些国家在各项评价维度上的综合表现均为优秀，因此，我们可以将这十五个国家视为教育强国。而中国在2022年的教育强国指数得分为0.62，排名第二十三。

表1-2 排名前15位教育强国与中国教育强国指数得分变化情况[①]

国家	2022年 指数值	2022年 排位	2015年 指数值	2015年 排位	2012年 指数值	2012年 排位
美国	0.89	1	0.87	1	0.87	1
英国	0.76	2	0.76	2	0.73	2
德国	0.73	3	0.72	3	0.7	3
澳大利亚	0.71	4	0.68	4	0.68	4
荷兰	0.67	5	0.65	7	0.64	9
瑞典	0.67	6	0.64	12	0.64	11
新加坡	0.67	7	0.66	5	0.65	8
芬兰	0.67	8	0.66	6	0.66	5
俄罗斯	0.66	9	0.65	8	0.64	10
法国	0.66	10	0.65	9	0.66	6
加拿大	0.66	11	0.63	16	0.63	15
韩国	0.65	12	0.64	10	0.65	7
丹麦	0.65	13	0.64	11	0.63	12
瑞士	0.65	14	0.63	20	0.62	18
奥地利	0.65	15	0.63	17	0.61	20
……						
中国	0.62	23	0.54	44	0.5	49

从2012年至2022年，我国的教育强国指数发展速度位居全球之首；到2025年，我国的教育强国指数有望提升至全球第二十位；到2035年，我国的教育强国指数有望进一步提升至全球第十四位。

在高等教育的普及程度上，我国仍有进一步提升的空间，这主要体现在我国的高中阶段和高等教育的毛入学率明显低于这些教育强国。在全球教育强国中，排名前十五位的国家的高等教育毛入学率平均水平超过80%，而其基准水平为65%。2021年，我国的高等教育毛入学率为57.8%，差距较为明显。综合考虑我国人口总量增速放缓和就业压力较大等因素，未来几年预计会持续调控高等教育招生人数的增长区间，2030年我国的高等教育毛入学率目标为65%，2035年将进一步提升至70%。

---

① 数据来源：中国教育科学研究院课题组，《建设教育强国：世界中的中国》

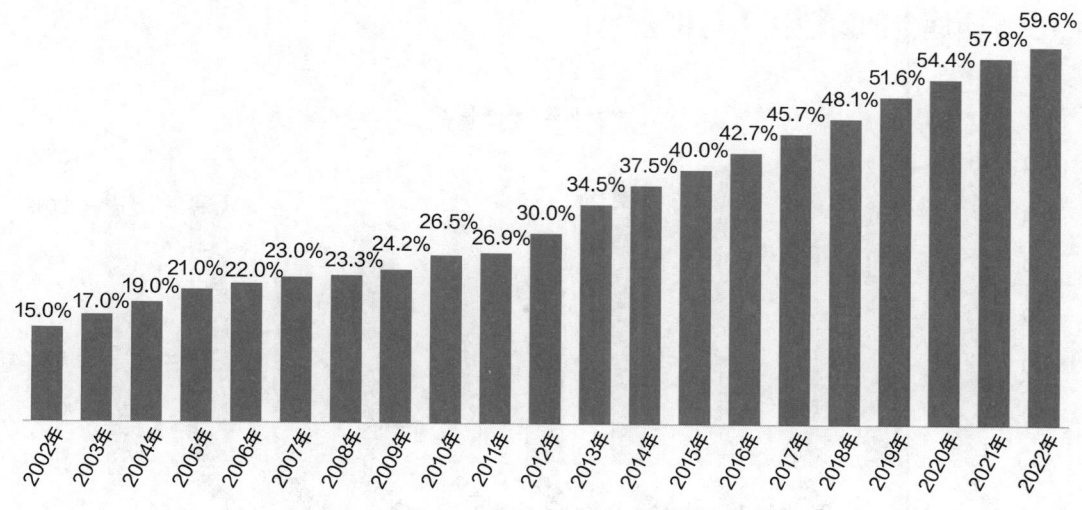

图 1-2　2002 年—2022 年我国高等教育毛入学率[①]

截至 2020 年，我国 25 岁及以上的人口平均受教育年限为 9.5 年，全球排名第八十六位，相较于全球前十五的教育强国 12.7 年的平均水平，我国仍有 3.2 年的差距。这一数据显示，我国在提升人口的平均受教育年限方面，仍需进一步努力。

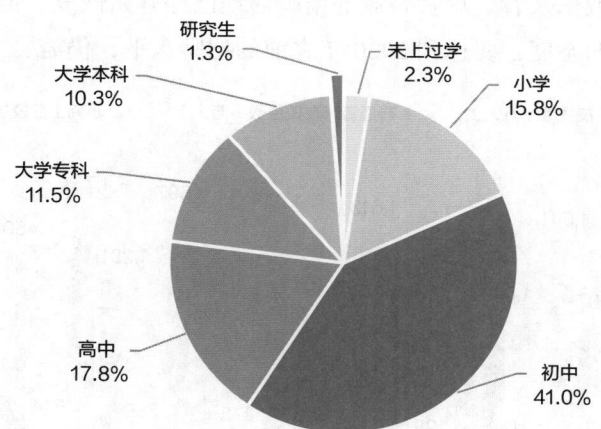

图 1-3　2022 年全国就业人员受教育程度构成[②]

根据国家统计局的数据，截至 2022 年，我国全体就业人员中，拥有大专及以上学历的劳动力占比达到了 23.1%，这意味着近四分之一的劳动力拥有大专及以上的学历。具体来看，拥有大专学历的劳动力占比为 11.5%，拥有本科学历的劳动力占比为 10.3%，而拥有研究生学历的劳动力占比为 1.3%。在职场上，拥有研究生学历的求职者成了真正的"百里挑一"。

---

① 数据来源：中华人民共和国教育部，历年《全国教育事业发展统计公报》
② 数据来源：中华人民共和国国家统计局，《中国人口和就业统计年鉴（2022）》

（二）应届生的就业压力与机会

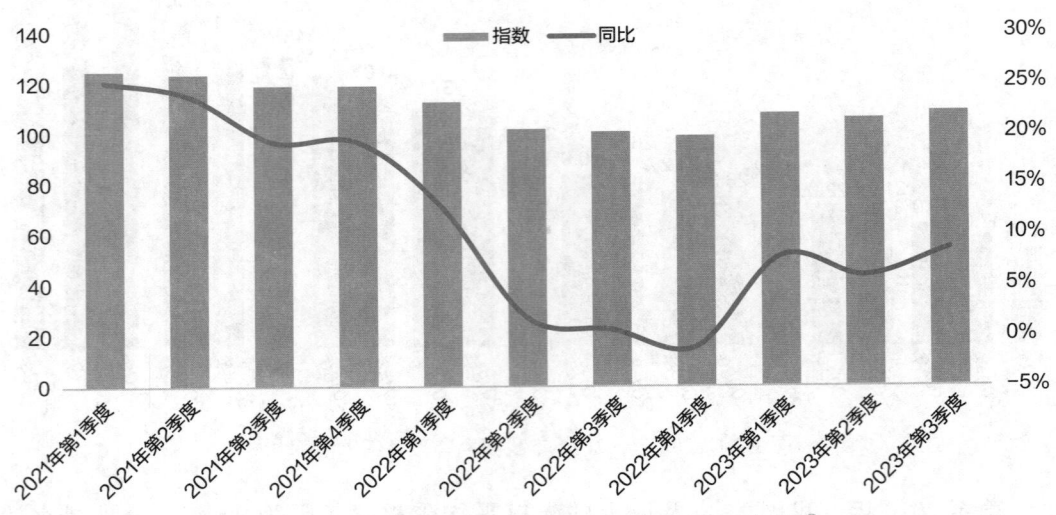

图 1-4　2021 年 1 季度—2023 年 3 季度企业景气指数[①]

2023 年初，我国经济发展态势向好，企业面向应届毕业生的招聘也随之逐步恢复正常。但从实际的数据来看，尽管企业的招聘活动已经开始恢复，但不少企业在招聘方面仍然保持着谨慎的态度，要达到 2020 年之前的招聘水平，仍需要一段时间。

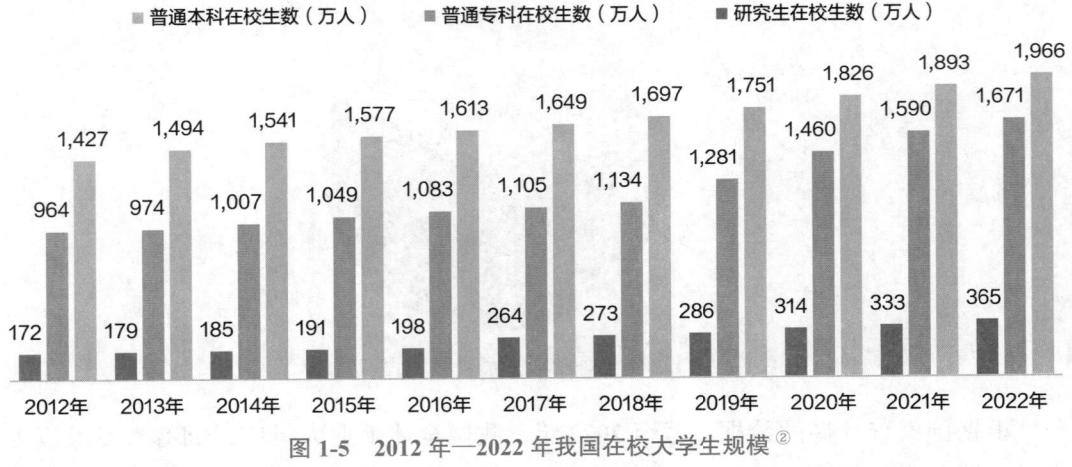

图 1-5　2012 年—2022 年我国在校大学生规模[②]

在 2022 年，我国的高校毕业生人数首次突破了千万大关，达到了令人瞩目的 1,000 万人。然而，这一记录在 2023 年被再次刷新，高校毕业生人数达到了历史新高的 1,158 万人。这一增长趋势主要是大学的扩招政策，使得高校毕业生的数量逐年增加。尽管

[①] 数据来源：东方财富网，中国企业景气指数
[②] 数据来源：中华人民共和国教育部，历年《全国教育事业发展统计公报》

延期毕业的政策在一定程度上缓解了当期的就业压力,但是,这也带来了后续的就业压力。从今年开始,这种压力已经开始显现。

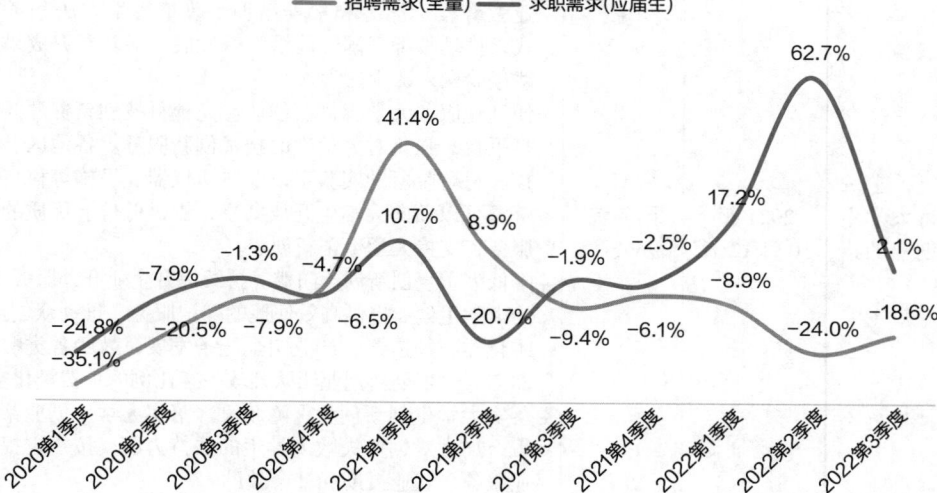

图1-6 2020年以来招聘需求和供给同比增速变化[①]

自2020年以来,由于宏观经济的下行压力,企业对招聘需求的同比增速已逐步低于毕业生求职供给的同比增速。这导致了职场的供需矛盾日益突出,使得毕业生面临的就业形势变得越来越严峻。

从2021年起,国务院、人社部、教育部、民政部等国家机关,相继发布促进高校毕业生就业的相关政策,从侧面也展示出了当前就业面临的严峻形势。

表1-3 2021年以来发布的促进高校毕业生就业的政策[②]

政策名称	发布日期	发布单位	重点举措
《"十四五"就业促进规划》	2021年8月23日	国务院	-拓宽高校毕业生市场化社会化就业渠道。创造更多有利于发挥高校毕业生专长和智力优势的知识技术型就业岗位。引导高校毕业生到中西部、东北、艰苦边远地区和城乡基层就业。 -健全校内校外资源协同共享的高校毕业生就业服务体系,完善多元化服务机制。加强职业生涯教育和就业创业指导,加大就业实习见习实践组织力度,开展大规模、高质量高校毕业生职业技能培训,提高高校毕业生就业能力。

---

① 数据来源:58同城招聘研究院,《2022中国大学生就业趋势调研》
② 数据来源:国务院、人社部、教育部、民政部等国家机关网站

续表

政策名称	发布日期	发布单位	重点举措
《关于进一步支持大学生创新创业的指导意见》	2021年10月12日	国务院办公厅	– 提升教师创新创业教育教学能力。强化高校教师创新创业教育教学能力和素养培训，改革教学方法和考核方式，推动教师把国际前沿学术发展、最新研究成果和实践经验融入课堂教学。 – 便利化服务大学生创新创业。完善科技创新资源开放共享平台，强化对大学生的技术创新服务。各地区、各高校和科研院所的实验室以及科研仪器、设施等科技创新资源可以面向大学生开放共享，提供低价、优质的专业服务，支持大学生创新创业。 – 降低大学生创新创业门槛。持续提升企业开办服务能力，为大学生创业提供高效便捷的登记服务。推动众创空间、孵化器、加速器、产业园全链条发展，鼓励各类孵化器面向大学生创新创业团队开放一定比例的免费孵化空间。 – 落实大学生创新创业保障政策。落实大学生创业帮扶政策，加大对创业失败大学生的扶持力度，按规定提供就业服务、就业援助和社会救助。
《关于进一步做好高校毕业生等青年就业创业工作的通知》	2022年5月13日	国务院办公厅	– 结合实施区域协调发展、乡村振兴等战略，适应基层治理能力现代化建设需要，统筹用好各方资源，挖掘基层就业社保、医疗卫生、养老服务、社会工作、司法辅助等就业机会。 – 深入实施离校未就业高校毕业生就业创业促进计划，强化教育、人力资源社会保障部门离校前后信息衔接，持续跟进落实实名服务。
《关于做好2023届全国普通高校毕业生就业创业工作的通知》	2022年11月14日	教育部	– 深入开展市场化岗位开拓行动；全面推广使用国家大学生就业服务平台；支持自主创业和灵活就业。 – 优化政策性岗位招录安排，尽早安排高校升学考试、公务员和事业单位、国企等政策性岗位招考及各类职业资格考试。 – 组织实施好"特岗计划""三支一扶""西部计划"等基层就业项目。 – 建立帮扶工作台账，按照"一人一档""一人一策"精准开展就业帮扶工作。
《关于做好2023年普通高校毕业生到城乡社区就业工作的通知》	2023年5月25日	民政部、教育部、财政部、人力资源和社会保障部	– 原则上2023年所有新招聘社区专职工作人员岗位全部面向高校毕业生开放。 – 加大从高校毕业生中定向招聘社区专职工作人员的工作力度。 – 对吸纳高校毕业生就业的小微企业，符合条件的按规定落实社会保险补贴等帮扶政策。 – 在社会工作服务平台中打造"研究生工作站""大学生研学实践基地""双交流基地"等"政社校"合作平台。 – 加强对新入职高校毕业生的关心、关爱，在工作、生活、心理等方面对其给予支持和帮助。

随着经济在波动中逐渐稳定,人才市场的需求总体上呈现出稳中有升的趋势。然而,各个行业的表现却存在明显的差异。

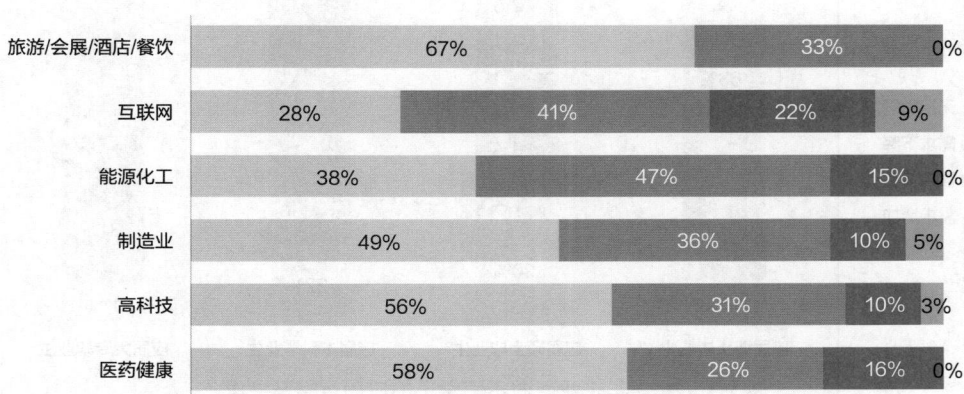

图1-7　2022年典型行业招聘数量变化情况[1]

在高科技、医药健康和制造业等行业中,企业的经营主要以增长和扩张为主,因此,这些行业的人才需求也随之上涨。相反,房地产、互联网、旅游和教育培训等行业中,企业多寻求转型和调整,因此,这些行业的人才需求相对较弱。整体来看,2023年有应届生招聘计划的企业占比为77%[2]。

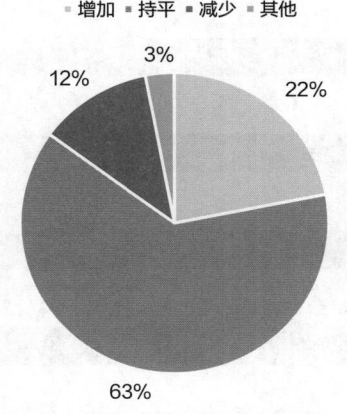

图1-8　2023年企业面向应届生的招聘计划[3]

在对应届生的招聘需求变化方面,有22%的企业表示,其在2023年对应届生的招聘需求有所增加,招聘人数的平均增幅达到了55%。然而,也有12%的企业表示其招

[1] 数据来源:艾瑞咨询,《2022年后疫情时代大学生求职者洞察报告》
[2] 数据来源:中智咨询,《2023年应届生招聘和薪酬管理及实习生调研报告》
[3] 同上。

聘需求有所下降，平均降幅为43%。企业在招聘时采用的相对稳健的策略，进一步加剧了求职市场上供大于求的局面。

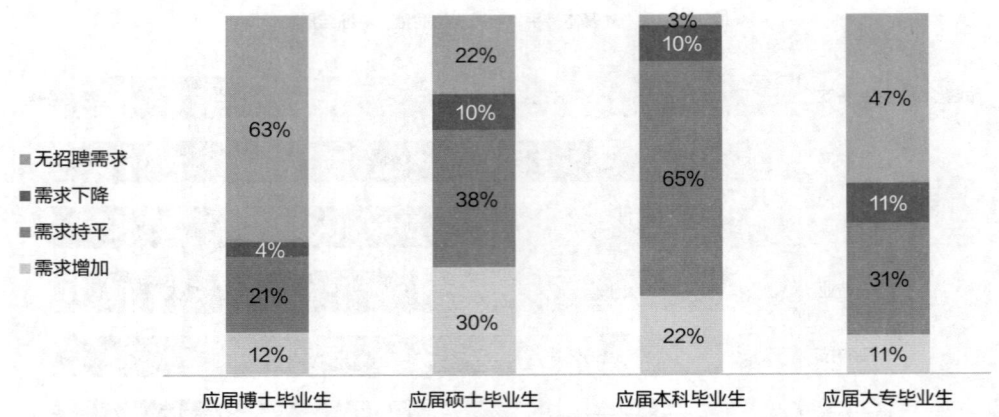

图 1-9　2023 年企业面向不同学历的应届生招聘需求①

值得注意的是，尽管整体招聘的增幅并不乐观，但企业对硕士研究生和国内重点院校应届毕业生的招聘需求呈现比较明显的增长趋势。2023 年，有 30% 的企业明确表示对硕士研究生的招聘需求增加；分别有 63% 和 47% 的企业表示，暂时没有博士研究生或者大专应届生的招聘需求。

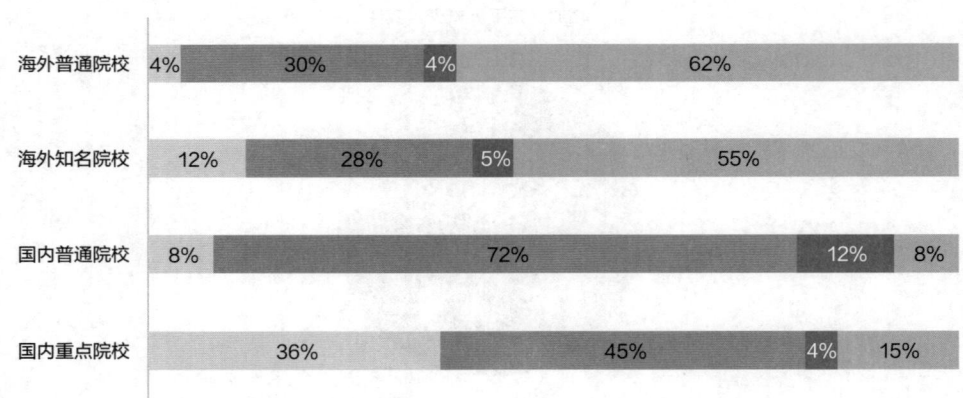

图 1-10　2023 年企业面向不同院校的应届生招聘需求②

而从毕业院校的维度分析来看，有 36% 的企业明确表示其对国内重点院校的应届毕业生招聘需求增加，而半数以上的企业则表示暂无对海外院校的应届毕业生招聘需求。

---

① 数据来源：中智咨询，《2023 年应届生招聘和薪酬管理及实习生调研报告》
② 同上。

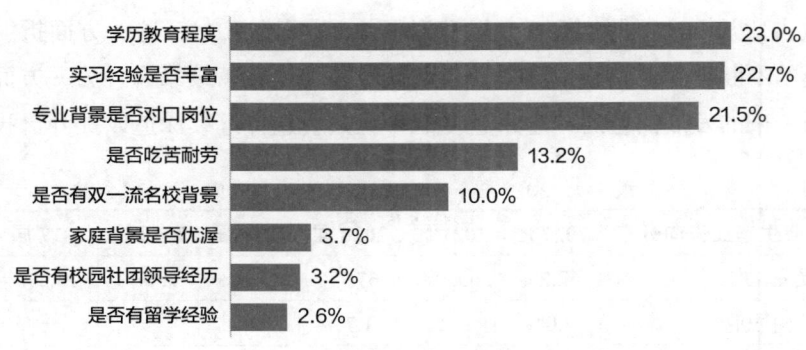

图 1-11　企业在招聘时所看重的因素[①]

通过调查可以发现，企业在招聘时，对于应聘的毕业生，最看重的因素就是学历教育程度，占比达到 23%；位居第二和第三的两个因素分别是实习经验是否丰富以及专业背景是否对口岗位。

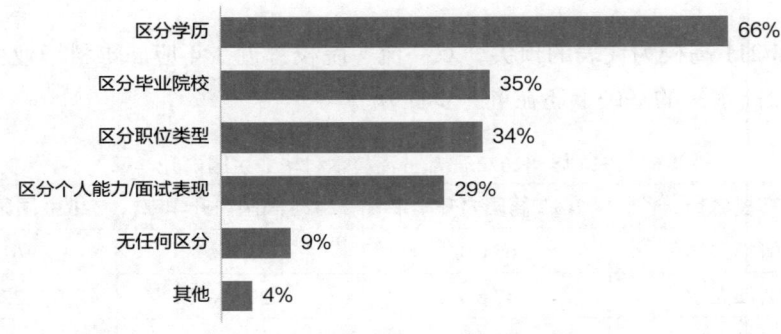

图 1-12　2023 年企业应届生起薪的区分标准[②]

在企业为应届生确定起薪的标准方面，有三分之二的企业表示会根据学历来设定起薪。此外，大约三成的企业表示他们会根据毕业院校、职位类型以及个人能力或面试表现来区分起薪。

如果我们以终为始地看待研究生学习和就业之间的关系，不难发现，即便面对竞争激烈的就业市场，学历的提升依然能够带来比较明显且直接的回报。

（三）当代年轻人的成长与发展

持续跟踪从 2017 届到 2022 届的本科应届毕业生的去向，能够明显发现选择毕业后直接进入职场的人数占比下降显著，从 74.4% 下降到 62.2%。而选择继续读研深造的人数占比则持续增长，六年间增长了 8.1%。其中，毕业后不工作，选择继续脱产准备

[①] 数据来源：58 同城招聘研究院，《2022 中国大学生就业趋势调研》
[②] 数据来源：中智咨询，《2023 年应届生招聘和薪酬管理及实习生调研报告》

量化考研：考研年度报告

考研的人数占比从 2017 届的 2.7%，提升到了 2022 届的 7.1%。这一方面折射出，随着毕业生规模的不断增大，本科应届毕业生的就业压力也在持续攀升；另一方面也能反映出，在规划未来的发展路径时，越来越多的年轻人会选择继续深造以提升自我。

表 1-4　2017 届—2022 届本科生毕业去向[①]

本科院校毕业生毕业去向分布	2022 届	2021 届	2020 届	2019 届	2018 届	2017 届	六年变化
受雇工作	62.2%	65.3%	67.7%	71.9%	73.6%	74.4%	−12.2%
自由职业	2.0%	1.7%	1.7%	—	—	—	—
自主创业	1.2%	1.2%	1.3%	1.6%	1.8%	1.9%	−0.7%
入伍	0.5%	0.4%	0.3%	0.2%	0.3%	0.3%	0.2%
国内外读研	20.1%	19.2%	18.0%	17.4%	16.8%	16.4%	3.7%
准备考研	7.1%	6.5%	5.8%	4.5%	3.3%	2.7%	4.4%
待就业	6.9%	5.7%	5.2%	4.4%	4.2%	4.3%	2.6%

而以 985/211 高校为代表的顶尖"双一流"院校，近 3 年应届本科毕业生的国内升学率在原有较高水平的基础上还在进一步提升。

表 1-5　2020 届—2022 届部分高校本科毕业生国内升学率[②]

序号	高校名称	2022 届国内升学率	2021 届国内升学率	2020 届国内升学率
1	清华大学	65.6%	63.7%	61.4%
2	浙江大学	47.8%	29.4%	22.3%
3	复旦大学	49.2%	47.0%	45.8%
4	南京大学	52.7%	51.1%	45.9%
5	上海交通大学	50.8%	47.3%	43.4%
6	西安交通大学	58.1%	57.1%	52.5%
7	北京航空航天大学	62.9%	62.3%	55.7%
8	北京理工大学	55.9%	53.5%	49.6%
9	东北大学	42.1%	42.6%	40.3%
10	吉林大学	43.4%	40.5%	38.1%
11	同济大学	42.9%	41.4%	39.0%
12	中国科学技术大学	59.7%	61.5%	57.8%
13	山东大学	41.5%	41.0%	39.5%
14	华中科技大学	51.4%	50.1%	45.9%

① 数据来源：麦可思研究院，《中国本科生就业报告（2022）》
② 数据来源：相关高校《毕业生就业质量报告》

续表

序号	高校名称	2022届国内升学率	2021届国内升学率	2020届国内升学率
15	湖南大学	37.5%	37.3%	32.6%
16	中南大学	43.0%	41.7%	36.9%
17	电子科技大学	47.1%	47.9%	47.0%
18	兰州大学	41.2%	40.1%	38.9%

深入探究不同毕业去向的毕业生的专业与兴趣吻合程度，在选择国内升学的毕业生群体中，有78.7%的毕业生对其选择感到满意，是所有毕业生去向中满意度最高的；该群体相应的最不满意度也是最低的，认为自己所选的专业与自己的兴趣非常不吻合的仅有2.1%。这意味着他们对自己的未来有明确的规划和期待。

表1-6 毕业生分毕业去向的专业与兴趣吻合程度[1]

毕业生去向	非常吻合	基本吻合	不太吻合	非常不吻合	不确定
已确定就业单位	15.0%	60.1%	20.1%	2.6%	2.1%
国内升学	17.2%	61.5%	15.2%	2.1%	4.0%
出国出境	25.6%	52.8%	15.2%	3.4%	3.0%
自由职业	13.9%	55.5%	21.3%	4.4%	4.8%
自主创业	18.7%	58.5%	16.4%	2.5%	3.9%
其他灵活就业	10.6%	55.6%	26.2%	3.4%	4.1%
待就业	11.6%	56.6%	23.8%	4.0%	4.0%
不就业拟升学	12.7%	58.7%	20.5%	5.1%	3.0%
其他暂不就业	11.0%	50.2%	26.2%	6.5%	6.1%
其他	11.5%	50.5%	23.7%	5.1%	9.2%

从学历层次的角度来看，接受的高等教育的层次越高，受教育者认为所学专业与兴趣的吻合程度就越高，这在一定程度上也能反映出考生对于继续深造的满意度。

表1-7 毕业生分学历层次的专业与兴趣吻合程度[2]

毕业生学历	非常吻合	基本吻合	不太吻合	非常不吻合	不确定
博士	31.0%	53.1%	8.8%	1.7%	5.4%
硕士	15.1%	63.5%	18.0%	1.7%	1.6%
本科	14.5%	58.3%	20.0%	3.5%	3.7%
专科	16.9%	57.2%	19.2%	2.6%	4.1%

---

[1] 数据来源：岳昌君等，《全国高校毕业生就业调查报告（2021）》。
[2] 同上。

从上述数据分析中不难看出，选择毕业后继续深造的毕业生群体，其选择背后的动因固然有应对就业压力等现实考量，但大多数人是基于清晰、明确的人生规划和长远打算的。

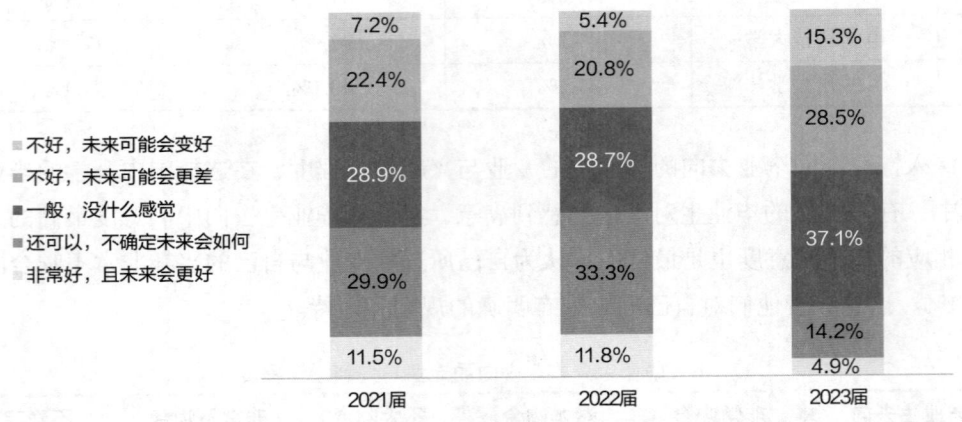

图 1-13　2021 届—2023 届毕业生对当下就业环境的看法①

近年来，选择直接就业的毕业生群体，其求职选择呈现出愈发务实的特点。这一现象背后的深层原因，很大程度上与毕业生对当前就业环境的评估密切相关。2023 届毕业生整体对当下就业环境的态度尚可，其中有 37.1% 的求职者认为一般，但对就业环境抱有信心的人群占比显著减少。具体而言，认为非常好的仅有 4.9%，认为还可以的为 14.2%，相较于 2021、2022 届毕业生，这一比例出现了大幅下降。

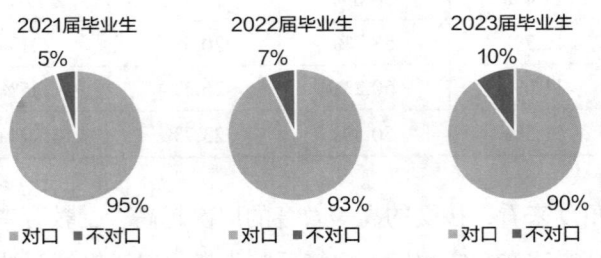

图 1-14　2021 届—2023 届毕业生总体跨专业就业情况②

总的来看，近三届毕业生选择跨专业求职的比例呈现出逐年增加的趋势。这种趋势的主要原因有两方面。一方面，由于经济形势的下行和岗位编制的收缩，一些对口岗位较少的毕业生被迫进行职业"转型"；另一方面，毕业生的求职心态也在发生变化，他们对跨专业择业的接受度正在提高。

---

① 数据来源：58 同城招聘研究院，《2022 中国大学生就业趋势调研》
② 同上。

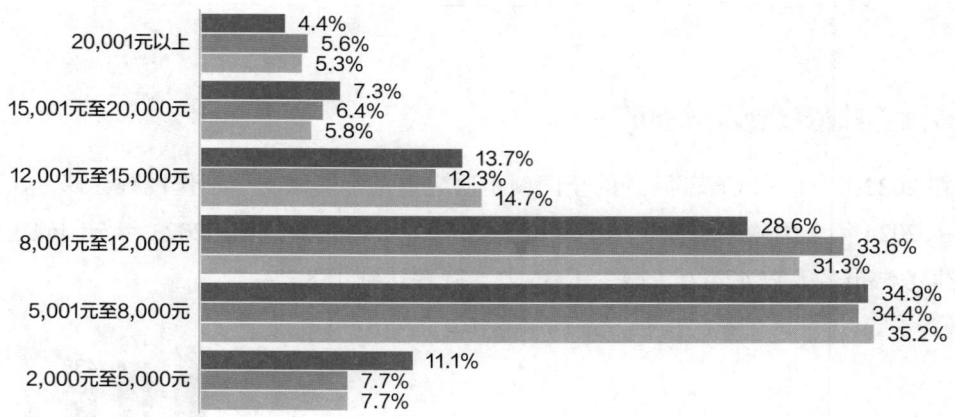

图 1-15　2021 届—2023 届毕业生期望起薪分布情况[①]

在期望薪资方面，近三届毕业生之间的变化并不显著，其中占比最高的薪资区间均为 5,001～8,000 元。然而，2023 届毕业生表现出更为务实的态度，他们在 2,000～5,000 元的薪资区间的占比达到了 11.1%，相比前两届增加了 3.4 个百分点。这一现象从侧面反映出，面对当前相对不景气的就业市场，越来越多的应届毕业生开始采取更加务实的就业态度。

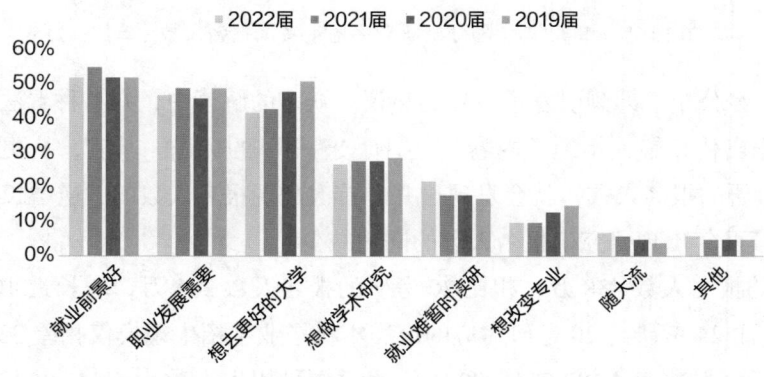

图 1-16　2019 届—2022 届本科毕业生读研的主要动机[②]

选择毕业后直接读研的毕业生，其决策的主要因素依然与就业密切相关。从 2019 届到 2022 届，就业前景始终是应届毕业生选择考研的最主要动机，占比超过半数；紧随其后的决策依据是职业发展需要，占比也稳定接近半数。另外，应届毕业生选择考研的原因中，也有想去更好的大学、想做学术研究、想改变专业等能够明显揭示考生有清晰发展规划的原因。真正所谓盲从"随大流"选择考研的毕业生，占比不足 10%。

① 数据来源：58 同城招聘研究院，《2022 中国大学生就业趋势调研》
② 数据来源：麦可思研究院，《中国本科生就业报告（2022）》

二、24考研[①]报名与计划招生趋势解读

（一）考研报名热度理性回归

在2023年11月教育部召开的全国硕士研究生招生考试安全工作视频会议上，官方公布了2024年全国硕士研究生招生考试报名人数为438万。相比2023年全国硕士研究生招生考试报名人数474万，减少了36万，降幅达到了8.2%。

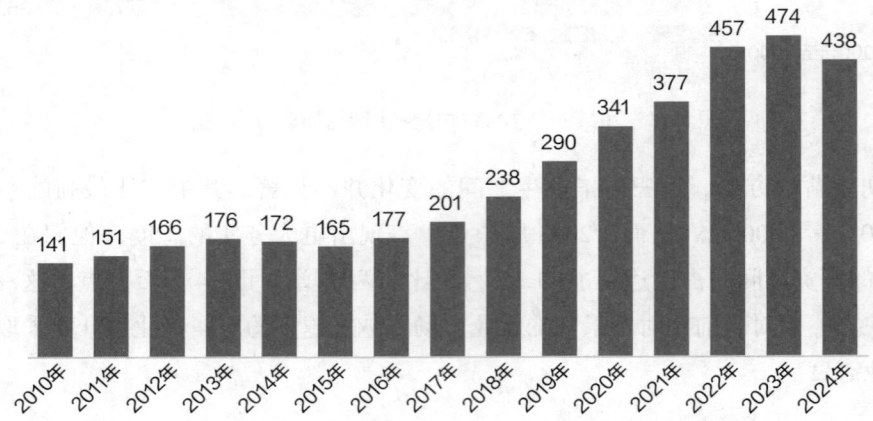

图1-17 2010年—2024年全国硕士研究生招生考试报名人数（单位：万人）[②]

该数据一经公布，即刻引发了各界的热议。众多的解读中，有一种看法是把报名人数的下降看作当代年轻人拒绝"内卷"、选择"躺平"的标志。其实，从更长的时间维度上来分析考研的报名人数，就会发现这并非首次出现报名人数的"逆增长"。14考研、15考研曾连续两年出现研究生报名人数的同比减少。

24考研的报名人数438万，相比20考研的报名人数341万，增长近100万，增幅高达28.4%；而24考研与20考研对应的应届本科毕业生招生规模仅相差33.8万（2017年普通本科招生人数为4,107,534，2021年普通本科招生人数为4,445,969），应届毕业生的规模增幅仅为8.2%。不难看出，考研报名人数的增长率远大于同时间段应届本科生规模的增长率。

伴随着每年递增的高校毕业生规模，我国就业市场的压力凸显。因此，不仅越来越多的应届毕业生会将考研作为应对就业压力的缓冲（从2019届的占比17%，增长到2022届的22%），为数众多的往届毕业生和在职人员，也加入了考研大军。这些因素叠加，共同导致了过去两年的考研报名人数快速增长到了457万、474万。

---

① "24考研"指代2023年12月进行的2024年全国硕士研究生招生考试；其他考研考季的指代也使用相同规则
② 数据来源：中华人民共和国教育部，历年《全国教育事业发展统计公报》

随着经济发展趋势向好、出入境防疫政策放松，就业、留学等全面回归正轨，在报考人群基数基本稳定的前提下，考研报名人数出现下降是非常正常的现象。

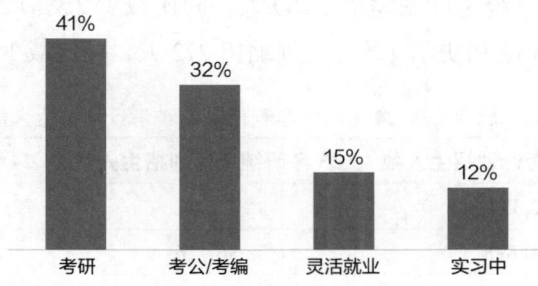

图 1-18　2024 届毕业生求职状态[①]

此外，由于近几年考研报名人数快速增长，热门专业的上岸竞争也更加激烈，因此不少应届毕业生也将考公／考编作为备选的发展方向。调查结果显示，41% 的 2024 届毕业生将考研作为首选方案，选择考公／考编以及灵活就业的占比则分别为 32% 和 15%。

过去几年因特殊原因加剧的"考研热"现象，正在实现理性回归。

（二）各学科门类扩招趋势持续

若要对考研的整体趋势有准确的判断，不能仅仅关注每年报考人数的变化，研究生的招生人数同样需要关注。每年硕士研究生招生单位公布的统考计划招生人数，是指招生单位当年不包含推荐免试攻读研究生（即"推免"或"保研"）的招生计划，是面向考研学生的招生名额，对于考生判定某个具体院校专业的报考难度参考性更大。同时，通过分析全部招生单位公布的统考计划招生人数数据，也能对考研的整体趋势有更加准确的判断。

图 1-19　22 考研—24 考研统考计划招生人数[②]

整体来看，24 考研的统考计划招生人数相比 23 考研继续保持了稳中有升的态势。24 考研各招生单位整体统考计划招生人数为 878,365 人，相比 23 考研的 855,073 人进一步高位增长，增幅为 2.7%。

---

① 数据来源：拉钩招聘、知乎，《2024 届高校毕业生求职抽样调研报告》
② 数据来源：新东方大学生学习与发展中心

细分到学科门类来看,14 个学科门类中,统考计划招生人数同比下降的门类有 5 个,分别是哲学(统考计划缩招 74 人,同比减少 2.8%)、经济学(统考计划缩招 2,429 人,同比减少 6.6%)、法学(统考计划缩招 1,209 人,同比减少 2.3%)、文学(统考计划缩招 297 人,同比减少 0.8%)、历史学(统考计划缩招 772 人,同比减少 14.4%)。

表 1-8　22 考研—24 考研分学科门类的统考计划招生人数 ①

学科门类	22 考研统考计划招生人数	23 考研统考计划招生人数	24 考研统考计划招生人数
哲学	2,334	2,610	2,536
经济学	30,898	36,776	34,347
法学	45,503	52,486	51,277
教育学	55,419	59,040	59,507
文学	28,324	35,274	34,977
历史学	4,302	5,343	4,571
理学	48,330	53,046	53,462
工学	237,849	291,560	306,829
农学	41,555	46,851	47,655
医学	76,385	98,222	100,585
军事学	2,641	2,713	2,950
管理学	129,278	135,673	140,377
艺术学	24,693	35,038	35,454
交叉学科	—	441	3,838

需要说明的是,经济学的统考计划招生人数出现明显变化,是因为按照最新学科目录的调整,原属于经济学门类招生的审计硕士研究生,在 24 考研中调整到了管理学门类进行招生。如果不考虑审计硕士研究生的影响,经济学的其他专业统考计划招生人数减少了 167 人,同比降幅为 0.5%。从上述数据不难看出,出现统考计划缩招的学科门类,缩招人数的绝对值并不大,可以看作涉及学科专业调整、保研人数占比、博士生扩招等多重因素影响下的正常波动。

14 个学科门类中,统考计划招生人数同比上升的门类有 9 个,分别是教育学(统考计划扩招 467 人,同比增长 0.8%)、理学(统考计划扩招 416 人,同比增长 0.8%)、工学(统考计划扩招 15,269 人,同比增长 5.2%)、农学(统考计划扩招 804 人,同比增长 1.7%)、医学(统考计划扩招 2,363 人,同比增长 2.4%)、军事学(统考计划扩招 237 人,同比增长 8.7%)、管理学(统考计划扩招 4,704 人,同比增长 3.5%)、艺术学(统考计划

---

① 数据来源:新东方大学生学习与发展中心

扩招 416 人，同比增长 1.2%）、交叉学科（统考计划扩招 3,397 人，同比增长 770.3%）。

如果不考虑审计硕士研究生的影响，管理学的其他专业统考计划招生人数增加了 2,442 人，同比增幅为 1.8%。从上述数据不难看出，出现统考计划扩招的学科门类，工学、管理学、医学的招生基数较大（23 考研中，3 个门类统考计划招生人数占总人数的 61%），贡献的人数增量也最大；而交叉学科的招生规模则出现了迅猛增长的态势，从 23 考研的 441 人扩大到 24 考研的 3,838 人。

表 1-9　23 考研—24 考研分办学层次的统考计划招生人数①

办学层次	22 考研统考计划招生人数	23 考研统考计划招生人数	24 考研统考计划招生人数
985 高校	117,331	133,413	130,526
211 高校	160,775	182,405	184,160
其他"双一流"高校	38,479	49,537	50,591
其他普通高校	395,820	468,300	492,193
科研院所	15,106	21,418	20,895
总计	727,511	855,073	878,365

从招生单位的层次来看，985 高校和科研院所的 24 考研统考计划招生人数同比出现下降，分别减少了 2,887 人和 523 人，降幅分别为 2.2% 和 2.4%。科研院所的招生人数降幅绝对值变化不明显，可以视为正常波动。985 高校的统考计划招生人数下降，则一定程度上与推免人数的占比、博士研究生（直博）的人数增长相关。整体来看，非"双一流"的其他普通高校贡献了最多的扩招名额，相比 23 考研的计划招生人数，增长了 23,893 人。

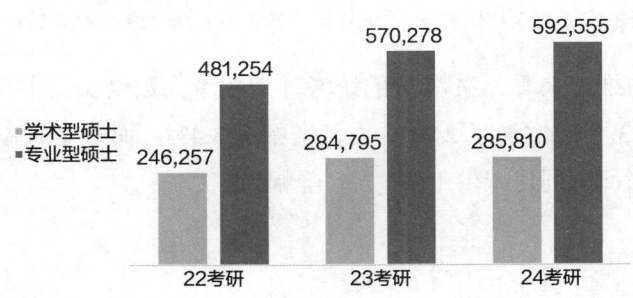

图 1-20　22 考研—24 考研分学位类型的统考计划招生人数②

从学位类型来看，24 考研的统考计划招生人数的增长主要来自专业型硕士研究生，比 23 考研计划扩招 22,277 人，增幅达 3.9%。这也与近年来国家大力发展专业型硕士

① 数据来源：新东方大学生学习与发展中心
② 同上。

研究生的政策方向一致。24考研学术型硕士研究生的统考计划招生人数比23考研增加了1,015人，增幅仅为0.4%。这一定程度上是因为推荐免试攻读研究生的人群中，学术型硕士研究生的占比更高。

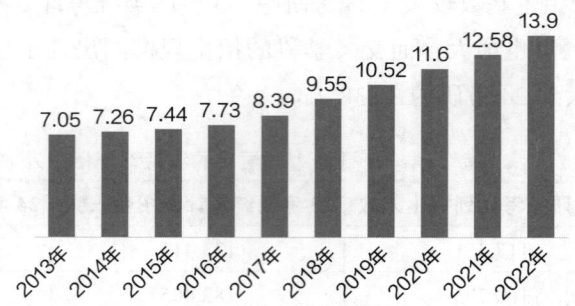

图1-21　2013年—2022年博士研究生招生人数（单位：万人）[1]

对于深耕学术研究的优秀人才，近年来越来越多地采用博士研究生的方式进行培养，直博的人数增加，客观上也占用了留给统考考生的招生名额。相应地，我国博士研究生的招生规模持续保持增长态势，从2013年的7.05万人增长到2022年的13.9万人，接近翻倍。

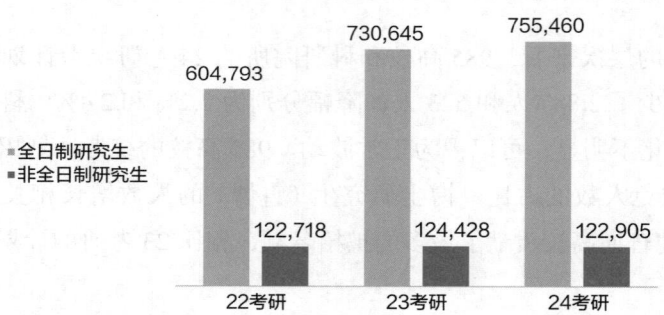

图1-22　23考研—24考研分学习方式的统考计划招生人数[2]

从学习方式的维度来看，24考研的统考计划招生人数增长，主要来自全日制研究生的扩招，相比23考研增加了24,815人，增幅为3.4%。而非全日制研究生的统考计划招生人数，24考研则同比减少1,523人，降幅为1.2%。

（三）专业型硕士研究生占比持续提升

我国从1991年开始实行专业学位教育制度，目的是更好地满足社会对实际工作能力强、能解决实际问题的应用型人才的需求。目前，我国在很多领域都有尚待突破的关键技术，这些技术相当程度集中在科技应用和转化方面，需要大量创新型、复合型、应

---

[1] 数据来源：中华人民共和国教育部，历年《全国教育事业发展统计公报》
[2] 数据来源：新东方大学生学习与发展中心

用型人才。因此，发展专业学位是学位与研究生教育改革的战略重点。

表1-10　国家相关部门对于专业型硕士研究生重点布局的文件摘录[①]

序号	文件名称	重点内容摘录
1	《专业学位研究生教育发展方案（2020—2025）》	发展专业学位研究生教育是经济社会进入高质量发展阶段的必然选择。专业学位是现代社会发展的产物，科技越发达、社会现代化程度越高，社会对专业学位人才的需求越大，越需要加快发展专业学位研究生教育。
		发展专业学位是学位与研究生教育改革发展的战略重点。专业学位研究生教育发展目标是，到2025年，以国家重大战略、关键领域和社会重大需求为重点，增设一批硕士、博士专业学位类别，将硕士专业学位研究生招生规模扩大到硕士研究生招生总规模的三分之二左右，大幅增加博士专业学位研究生招生数量。
		加快发展博士专业学位研究生教育。扩大博士专业学位研究生教育规模。在确保质量的基础上，以临床医学博士专业学位、工程类博士专业学位、教育博士专业学位为重点，增设一批博士专业学位授权点，快速提升培养能力。
2	《关于加快新时代研究生教育改革发展的意见》	优化培养类型结构，大力发展专业学位研究生教育。稳步发展学术学位研究生教育，以国家重大战略、关键领域和社会重大需求为重点，增设一批硕士、博士专业学位类别。新增硕士学位授予单位原则上只开展专业学位研究生教育，新增硕士学位授权点以专业学位授权点为主。各培养单位要根据经济社会发展需求和自身办学定位，切实优化人才培养类型结构。
3	《博士硕士学位授权审核办法》	学位授予单位要根据经济社会发展对人才培养的需求，不断优化博士硕士学位点结构。新增学位点原则上应为与经济社会发展密切相关、社会需求较大、培养应用型人才的学科或专业学位类别。其中新增硕士学位点以专业学位点为主。

从国家各部委的相关政策中，我们可以切身感受到国家对专业型硕士研究生培养的重视。在研究生招生规模进一步扩大的背景下，新增硕士学位原则上以专业型硕士研究生为主。

表1-11　《研究生教育学科专业目录（2022年）》新增专业明细[②]

学科门类	新增专业名称（一级学科代码）	新增专业类型
哲学	应用伦理（0151）	专业型硕士
经济学	数字经济（0258）	专业型硕士
法学	中共党史党建学（0307）	学术型硕士
	纪检监察学（0308）	学术型硕士
	知识产权（0354）	专业型硕士
	国际事务（0355）	专业型硕士

---

① 数据来源：国务院、国务院学位委员会、中华人民共和国教育部、国家发展改革委、中华人民共和国财政部等国家机关网站

② 数据来源：国务院学位委员会、中华人民共和国教育部，《研究生教育学科专业目录（2022年）》

续表

学科门类	新增专业名称（一级学科代码）	新增专业类型
理学	气象（0751）	专业型硕士
农学	水土保持与荒漠化防治学（0910）	学术型硕士
农学	食品与营养（0955）	专业型硕士
医学	医学技术（1058）	专业型硕士
医学	法医学（1012）	学术型硕士
医学	针灸（1059）	专业型硕士
军事学	军事智能（1111）	学术型硕士
军事学	联合作战指挥（1152）	专业型硕士
军事学	军兵种作战指挥（1153）	专业型硕士
军事学	作战指挥保障（1154）	专业型硕士
军事学	战时政治工作（1155）	专业型硕士
军事学	后勤与装备保障（1156）	专业型硕士
军事学	军事训练与管理（1157）	专业型硕士
艺术学	音乐（1352）	专业型硕士
艺术学	舞蹈（1353）	专业型硕士
艺术学	戏剧与影视（1354）	专业型硕士
艺术学	戏曲与曲艺（1355）	专业型硕士
艺术学	美术与书法（1356）	专业型硕士
艺术学	设计（1357）	专业型硕士
交叉学科	设计学（1403）	学术型硕士
交叉学科	遥感科学与技术（1404）	学术型硕士
交叉学科	智能科学与技术（1405）	学术型硕士
交叉学科	纳米科学与工程（1406）	学术型硕士
交叉学科	区域国别学（1407）	学术型硕士
交叉学科	文物（1451）	专业型硕士
交叉学科	密码（1452）	专业型硕士

根据国务院学位委员会、教育部印发的《研究生教育学科专业目录（2022年）》，从2023年开始，将按照新版本的学科专业目录进行招生。新版学科专业目录中，除了专业所属的门类变更、专业的名称变更，纯新增的专业共计32个，其中专业型硕士研究生有22个，占比接近70%；长期以来没有设置专业型硕士的哲学及理学门类，也分别增设了专业型硕士研究生招生专业。从24考研开始，全部学科门类都进行专业型硕士研究生的招生。

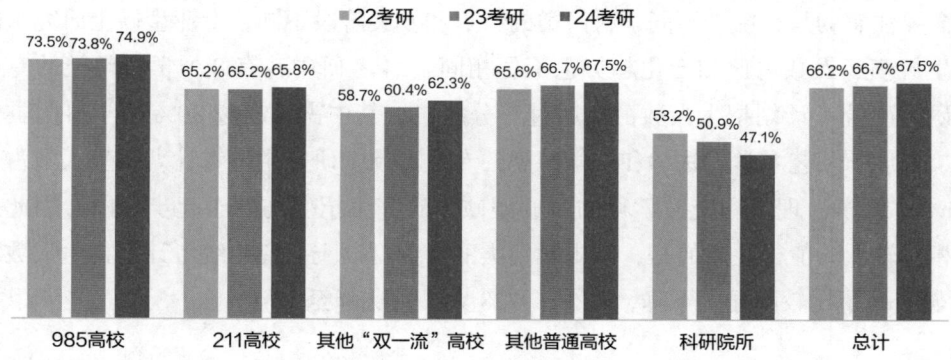

图1-23 22考研—24考研分招生单位类型的专业型硕士研究生统考计划招生人数占比[①]

从过去3个考季统考计划招生人数中专业型硕士的占比来看，目前已经达到了《专业学位研究生教育发展方案（2020—2025）》中提出的专业型硕士研究生招生规模占硕士研究生招生总规模的三分之二左右的目标，且在过去3年中，依旧保持了增长的趋势，从22考研的66.2%提升到24考研的67.5%。预计未来几个考季，专业型硕士研究生的统考计划招生人数占比将会保持基本稳定。随着硕士研究生整体招生规模的不断扩大，专业型硕士研究生的招生总规模预计还会进一步扩大。

表1-12 22考研—24考研分学科门类的专业型硕士研究生统考计划招生人数占比[②]

学科门类	专业型硕士占比
哲学	1.9%
经济学	72.6%
法学	51.0%
教育学	84.2%
文学	51.3%
历史学	13.1%
理学	0.013%
工学	70.0%
农学	71.5%
医学	67.1%
军事学	73.6%
管理学	88.0%
艺术学	83.9%
交叉学科	22.2%
总计	**67.5%**

① 数据来源：新东方大学生学习与发展中心
② 同上。

需要注意的是，由于不同学科门类的特点和发展阶段不同，专业型硕士研究生的统考招生规模、人数占比和变化趋势也不尽相同。24考研中，有8个学科门类的专业型硕士研究生统考计划招生人数占比超过三分之二，其中占比超过80%的学科门类为教育学、管理学和艺术学；法学和文学门类的专业型硕士研究生统考计划招生人数占比约为50%；哲学、理学和交叉学科的专业型硕士研究生招生均处于起步阶段，因此人数占比相对较低。值得注意的是，历史学门类的专业型硕士研究生统考计划招生人数相比23考研出现了比较明显的下降，减少了728人，占比降至13.1%。

三、25考研报考趋势预测及应对建议

（一）考研报名人数或高位波动

24考研报名人数为438万，相比23考研下降了36万人，报名人数出现了过去9年中的首次下降。前文中已经对报名人数出现下降的原因进行了分析，应该说，24考研的报名人数下降，实际上反映出了年轻人对于未来发展规划的理性思考，也给过去几年的"考研热"做了降温。

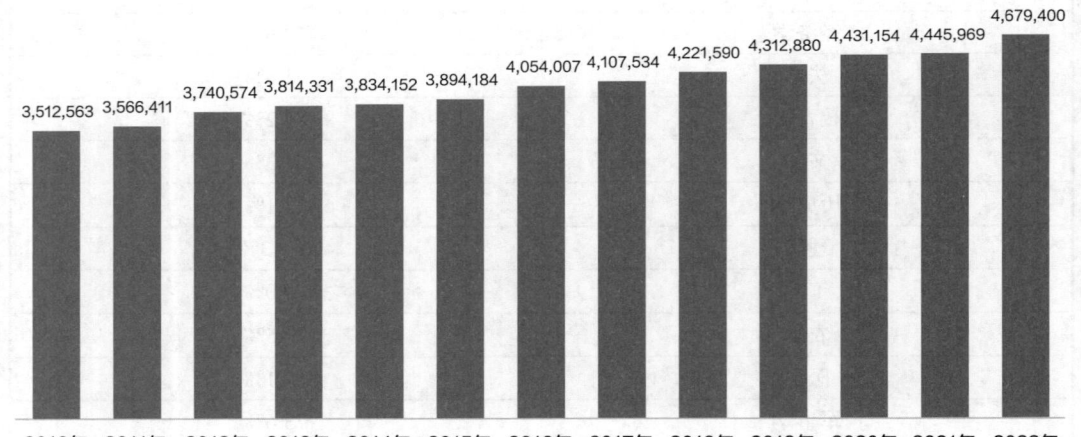

图1-24　2010年—2022年我国普通本科招生人数[①]

但是，随着我国高等教育的持续发展，本科生招生人数规模也在不断扩大，预计2025届本科毕业生的规模会继续扩大，就业压力依旧较大。而随着经济的发展，用人

---

① 数据来源：中华人民共和国教育部，历年《全国教育事业发展统计公报》

单位招聘时对于人才的需求也在不断进行调整。毕业生找工作的人越来越多，用人单位对人才的需求也越来越大，但如果两者的匹配度不高，就会导致就业的"结构性"压力更加明显。

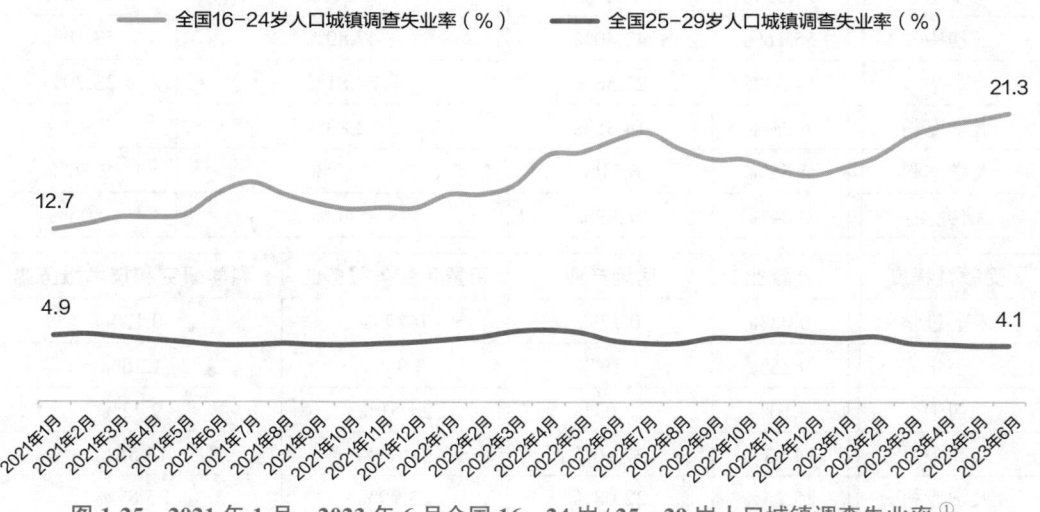

图1-25　2021年1月—2023年6月全国16—24岁/25—29岁人口城镇调查失业率[①]

自今年8月起，国家统计局暂停发布全国青年人等分年龄段的城镇调查失业率。国家统计局新闻发言人阐述了暂停发布的主要原因：随着经济社会的不断发展与变化，统计工作亟需进一步完善；同时，劳动力调查统计亦须进一步健全优化。持续追踪从2021年1月至2023年6月的失业率数据，全国16—24岁人口城镇调查失业率在2023年6月达到了21.3%的峰值，从侧面进一步体现出应届毕业生群体的就业压力。

表1-13　全国不同行业从业人员受教育程度占比[②]

受教育程度	就业人员	农、林、牧、渔业	采矿业	制造业
未上过学	2.34%	7.60%	0.47%	1.01%
小学	15.85%	38.56%	7.66%	11.33%
初中	40.97%	45.74%	38.27%	49.17%
高中	17.81%	6.84%	24.89%	21.22%
大学专科	11.51%	0.92%	16.45%	10.47%
大学本科	10.26%	0.32%	11.22%	6.10%
研究生	1.27%	0.03%	1.04%	0.69%

---

① 数据来源：中华人民共和国国家统计局，《全国16—24岁人口城镇调查失业率（%）》《全国25—29岁人口城镇调查失业率（%）》。
② 数据来源：中华人民共和国国家统计局，《中国人口和就业统计年鉴（2022）》。

续表

受教育程度	建筑业	批发和零售业	交通运输、仓储和邮政业	住宿和餐饮业
未上过学	1.18%	0.69%	0.29%	0.99%
小学	17.33%	7.92%	7.21%	11.46%
初中	55.16%	42.40%	47.89%	53.10%
高中	14.53%	27.56%	24.81%	23.70%
大学专科	6.91%	14.35%	12.83%	7.91%
大学本科	4.65%	6.71%	6.57%	2.76%
研究生	0.24%	0.36%	0.40%	0.08%

受教育程度	金融业	房地产业	租赁和商务服务业	科学研究和技术服务业
未上过学	0.08%	0.77%	0.27%	0.13%
小学	0.85%	6.19%	3.95%	1.26%
初中	9.10%	28.07%	24.51%	9.72%
高中	14.83%	27.10%	21.89%	13.56%
大学专科	25.24%	22.08%	23.99%	25.87%
大学本科	43.05%	14.77%	22.50%	38.33%
研究生	6.86%	1.03%	2.89%	11.13%

受教育程度	居民服务、修理和其他服务业	教育	卫生和社会工作	文化、体育和娱乐业
未上过学	1.34%	0.14%	0.28%	0.30%
小学	12.26%	1.75%	2.25%	4.45%
初中	48.71%	10.07%	9.48%	25.09%
高中	24.95%	12.46%	17.89%	22.75%
大学专科	9.20%	23.43%	30.61%	21.41%
大学本科	3.37%	44.73%	34.45%	23.34%
研究生	0.18%	7.43%	5.05%	2.66%

受教育程度	电力、热力、燃气及水生产和供应业	信息传输、软件和信息技术服务业	水利、环境和公共设施管理业	公共管理、社会保障和社会组织
未上过学	0.38%	0.05%	3.52%	0.73%
小学	4.55%	0.83%	20.06%	3.90%
初中	24.43%	9.98%	34.66%	12.73%
高中	23.95%	15.79%	15.92%	17.62%
大学专科	22.92%	28.34%	13.11%	26.70%
大学本科	21.47%	38.94%	11.36%	34.85%
研究生	2.30%	6.08%	1.37%	3.49%

我国目前不同行业从业人员中，接受过大学本科和研究生教育的人数占比还有进一步提升的空间，不同行业从业人员的受教育程度离散度也比较大。

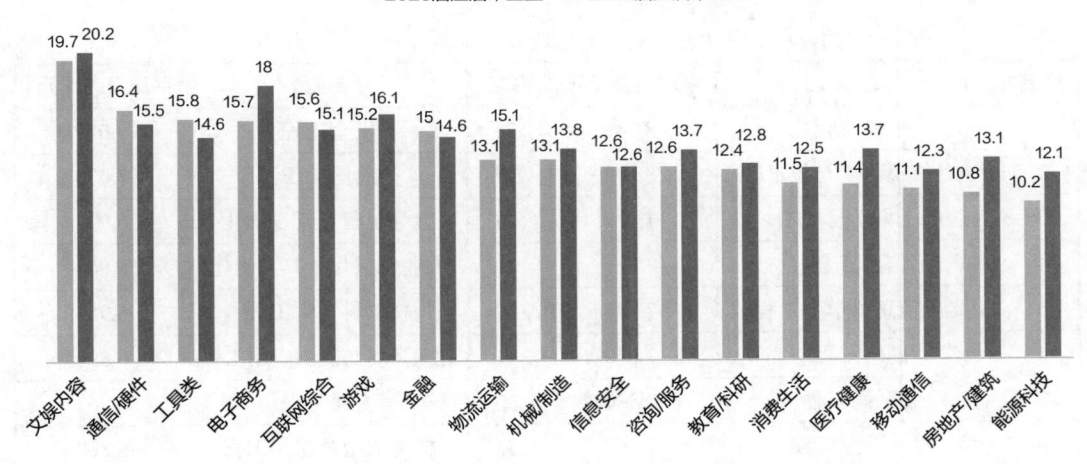

图1-26　2022届—2023届应届本科生各行业校招平均月薪对比（单位：千元）①

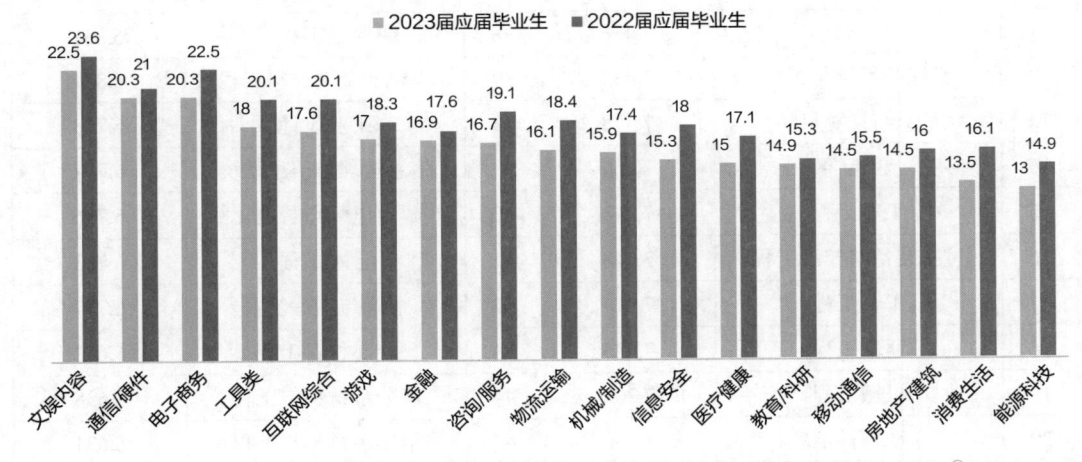

图1-27　2022届—2023届应届硕士生各行业校招平均月薪对比（单位：千元）②

从最近两年应届毕业生的薪酬数据对比来看，各行业硕士研究生的校招平均月薪相比本科生有比较明显的优势，且均呈现出行业间的较大离散度。

这些因素将共同影响未来应届毕业生的发展路径选择。研究生教育能够进一步提升求职者的综合素质和专业技能，使其在职场上获得更大的竞争优势。随着硕士研究生的持续扩招带来的上岸竞争压力减小，在接下来的几年，考研的报名人数很可能在现有的

---

① 数据来源：牛客网，《牛客2023春季校园招聘白皮书》
② 同上。

大基数基础上，持续出现 10% 左右的上下波动，很难再现连续高增长的趋势，也不会出现连续的大规模下降。

具体到不同学科门类，报考的热度预计也会存在差异。

表 1-14　3 年工作经验人才平均月薪最高的 50 个专业榜单[①]

排名	专业	平均月薪（元）	排名	专业	平均月薪（元）
1	软件工程	8,248	26	安全工程	7,039
2	计算机科学与技术	8,192	27	生物医学工程	7,002
3	电子科学与技术	7,877	28	电气工程及其自动化	6,978
4	信息安全	7,870	29	农业机械化及其自动化	6,964
5	光电信息科学与工程	7,787	30	材料科学与工程	6,953
6	网络工程	7,670	31	建筑环境与能源应用工程	6,894
7	物联网工程	7,580	32	交通工程	6,864
8	电子信息工程	7,567	33	材料成型及控制工程	6,860
9	电子信息科学与技术	7,505	34	水利水电工程	6,855
10	信息工程	7,487	35	道路桥梁与渡河工程	6,839
11	自动化	7,456	36	测绘工程	6,831
12	新能源科学与工程	7,433	37	无机非金属材料工程	6,821
13	信息与计算科学	7,378	38	工业设计	6,798
14	建筑学	7,366	39	信息管理与信息系统	6,797
15	工业工程	7,348	40	建筑电气与智能化	6,796
16	过程装备与控制工程	7,348	41	土木工程	6,783
17	车辆工程	7,317	42	播音与主持艺术	6,737
18	通信工程	7,225	43	金属材料工程	6,662
19	机械工程	7,208	44	高分子材料与工程	6,638
20	动物科学	7,156	45	给排水科学与工程	6,631
21	测控技术与仪器	7,135	46	交通运输	6,562
22	机械电子工程	7,121	47	汽车服务工程	6,559
23	应用物理学	7,080	48	应用统计学	6,549
24	能源与动力工程	7,075	49	广播电视编导	6,537
25	机械设计制造及其自动化	7,050	50	生物技术	6,521

目前在就业市场上，平均薪酬最高的 50 个专业中，理工类的占比更高；排名前五的专业分别为软件工程、计算机科学与技术、电子科学与技术、信息安全、光电信息科

[①] 数据来源：智联招聘，《2023 大学生就业前景研判及高考志愿填报攻略》

学与工程，也均为理工类专业。由此可见，用人单位当前对技术性人才的需求更为急迫，资源投入也会相应更高。

（二）考研上岸难度或迎来拐点

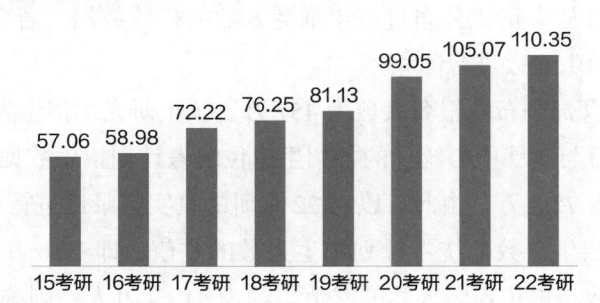

图1-28　15考研—22考研硕士研究生招生总人数（含推免）（单位：万人）[①]

由于全国硕士研究生招生单位的人才培养资源容纳度有限，为了保证人才培养质量，短时间内难以实现总人数的快速提升，因此过往几年的硕士研究生招生规模增速基本维持在5%左右，但是每三年会出现一次明显的扩招。按照该规律，23考研的招生人数可能会出现一次快速增长，而24考研的招生人数增长规模可能还会维持在4%～6%的区间。

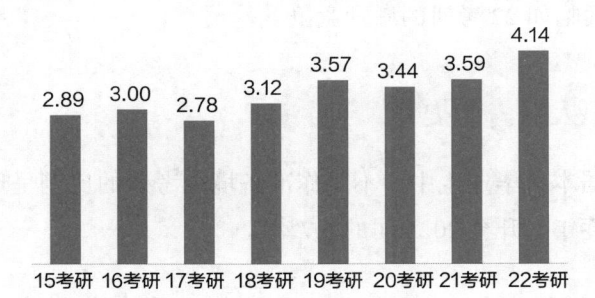

图1-29　15考研—22考研硕士研究生整体报录比 [②]

结合对应年份的考研报名人数，即可得到面向硕士研究生的报录比数据。不难发现，由于22考研的报名人数增幅高达21%，而硕士研究生的整体招生规模增速仅为5%，因此上岸的难度也有了相应的提升，整体报录比首次突破4的大关。但是相比之前几年的报录比，考研上岸难度的提升依然在合理范围内，并没有出现考研人"极度内卷"的竞争局面。

23考研和24考研的统考报名人数分别为474万和438万，根据过往10年的硕士研究生招生规模增长速度，推测相应年份的招生人数分别为132.4万和139万，对应的

---

① 数据来源：中华人民共和国教育部，历年《全国教育事业发展统计公报》
② 数据来源：新东方大学生学习与发展中心

整体报录比分别为 3.58 和 3.15，难度会出现比较明显的下降，基本恢复到 2020 年之前的难度水平。

当然，在计算整体报录比时，不可避免地要将推荐免试攻读研究生的人数包含在内，这对于准确评估考研的上岸难度会有一定的影响，一定程度上弱化了真实的竞争激烈程度。但由于官方从未正式公布过每年推免人数的权威数据，若要了解真实报录比，需要结合统考计划招生人数进行测算。

22 考研中，教育部公布的报名人数为 457 万，硕士研究生招生人数为 110.4 万；根据新东方大学生学习与发展中心统计的各招生单位统考计划招生数据，当年留给统考考生的计划招生名额为 72.8 万，由此可以对 22 考研的真实报录比进行计算：

推免人数是总招生人数与统考计划招生人数的差值，即 37.6 万人；统考考生的报名人数是总报名人数与推免报名人数的差值，约为 419.4 万人；则统考的真实报录比为统考报名人数与统考计划招生人数的比值，为 5.76。

若推免人数的占比保持不变，23 考研和 24 考研留给统考考生的招生名额分别为 87.4 万和 91.7 万，对应的真实报录比分别为 4.91 和 4.26，相比 22 考研的真实报录比会出现明显的下降。

通过过往几年的考研报名人数变化可以预测，今后考研报名人数的变化会更加回归理性，考生也不会面临如 22 考研的激励竞争。

（三）往届及在职人群占比提升

数据显示，应届本科毕业生中，不工作准备境内考研的比例呈现持续上升的趋势，从 2018 届的 2.8% 逐年上升至 2022 届的 6.7%[①]。

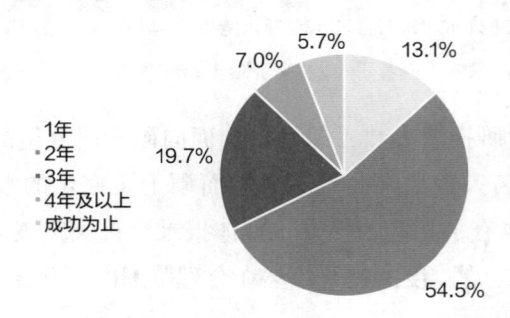

图 1-30　备考群体愿意投入在考研上的年数分布[②]

考研作为一种升学考试，其特点为备考时间成本高，知识密度大。除了合理选定目标院校专业之外，备考的时间投入及尝试的次数也对最终的考研结果有较大影响。调查

---

① 数据来源：麦可思研究院，《中国本科生就业报告（2022）》
② 数据来源：艾瑞咨询，《中国教育行业市场需求洞察报告——成年人篇》

数据显示，考生在可投入的时间成本方面，呈现出整体较强的目标导向，有八成以上的考生会把考研的年数上限放在两年及以上。细分来看，为了考研成功，有54.5%的考生愿意至少参加两次考研，有19.7%的考生愿意至少三次，另有5.7%的考生表示会为了考研成功的目标一直努力，直到考上为止。

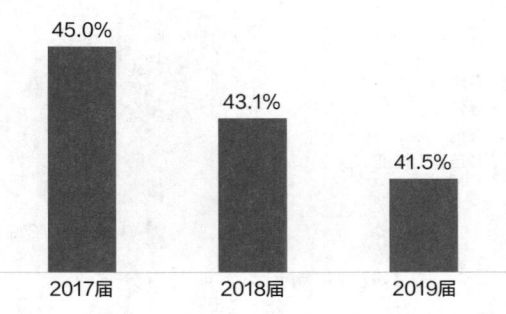

图 1-31　17届—19届本科生毕业半年后准备考研群体三年后的学历提升情况[①]

由于过去几年考研报名人数增幅超过招生人数增幅，考研成功上岸的整体难度持续提升，因此非应届生群体二战或者三战考研的成功率也有微降，但其上岸成功率仍远超相应年份的整体上岸率。

表 1-15　17届—19届本科生毕业三年对应考季的上岸人数占比[②]

毕业生	正在读研人数占比	对应考研考季	整体上岸率
2017届	45.0%	18考研	32.0%
2018届	43.1%	19考研	28.0%
2019届	41.5%	20考研	29.0%

从18考研到20考研，硕士研究生整体报录比持续升高，考研的上岸难度也相应提升，整体上岸人数占比从32%下降到29%，但选择二战或者三战考研的群体，其上岸率均超过40%，明显高于均值。由于备考的时间更加充分，加上具备考研实考经验，二战或者三战考研的群体考研成功的整体概率会更大。

往届生群体选择考研的人数占比增加，这一点从相关衍生行业的数据也能得以印证。往届生已经毕业，离开学校，通常在备考过程中会面临在家学习状态不佳、图书馆位置有限等问题，因此会更倾向于选择能够提供沉浸式学习氛围的付费自习室进行备考。从2019年至2022年，有线上记录的付费自习室，门店数量提升迅猛，从157家迅速扩大到4,178家[③]。

---

① 数据来源：麦可思研究院，《中国本科生就业报告（2022）》《中国本科生就业报告（2021）》
② 数据来源：麦可思研究院，《中国本科生就业报告（2022）》；新东方大学生学习与发展中心
③ 数据来源：艾普斯咨询，《2022付费自习室消费趋势及媒体营销洞察报告》

通过对选择付费自习室的客户调查，可将消费者按学习目的分为考研、考公、考编及其他各类资格证等4种备考人群，其中考研人群的占比高达78%，其次是考公人群，占比仅为16%。

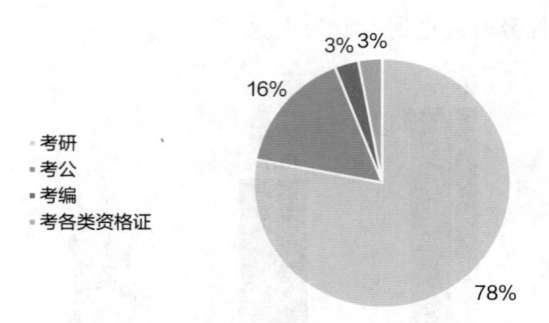

图 1-32　付费自习室消费者分类①

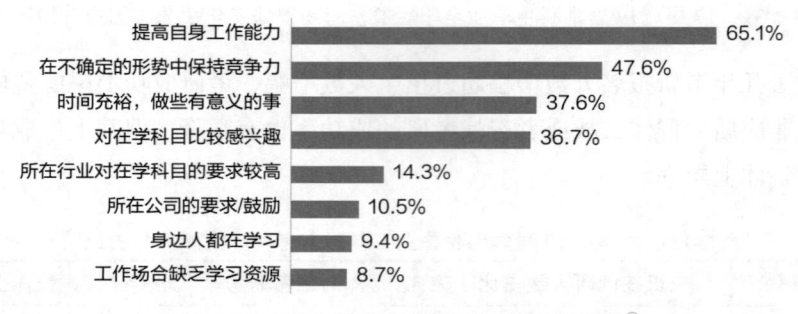

图 1-33　在职人群工作之外保持学习的原因②

在职人群在工作的同时，选择继续学习，主要面向外语学习、升学学习、职业学习和非职业学习4个方面。通过对其继续保持学习的原因进行调查，能够发现其决策的主要目的是为了提升自身的工作能力，努力让自己在不确定的形势中保持竞争力。

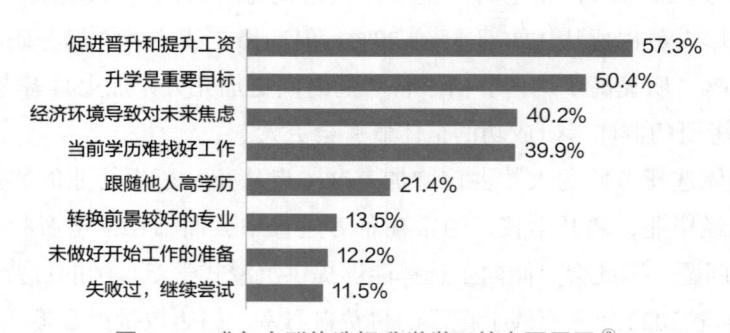

图 1-34　成年人群体选择升学学习的主要原因③

其选择升学的最主要原因就是为了促进晋升和提升工资，目标非常明确。

---

① 数据来源：艾普斯咨询，《2022付费自习室消费趋势及媒体营销洞察报告》
② 数据来源：艾瑞咨询，《中国教育行业市场需求洞察报告——成年人篇》
③ 同上。

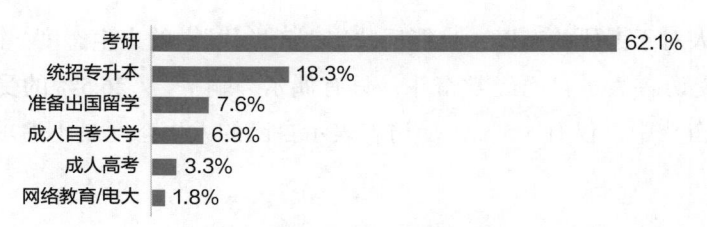

考研 62.1%
统招专升本 18.3%
准备出国留学 7.6%
成人自考大学 6.9%
成人高考 3.3%
网络教育/电大 1.8%

图 1-35　成年人群体选择升学考试的主要品类[①]

对于已经工作的在职人群，近年来选择通过考研提升职场竞争力也成为一种新趋势。数据显示，考研是在职人群备考升学考试的首要选择，其次为成人自考大学，但占比相差很大。

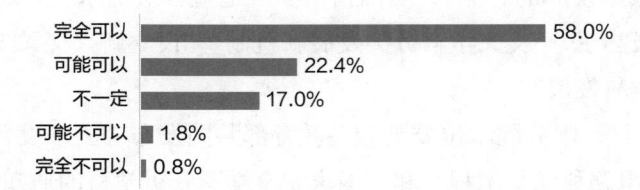

完全可以 58.0%
可能可以 22.4%
不一定 17.0%
可能不可以 1.8%
完全不可以 0.8%

图 1-36　成年人群体对学习能否帮助解决压力/缓解焦虑的看法[②]

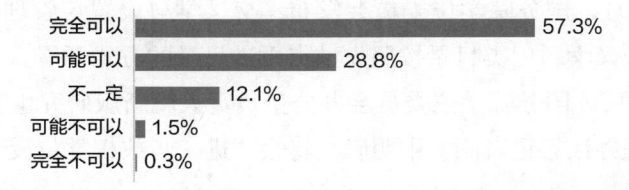

完全可以 57.3%
可能可以 28.8%
不一定 12.1%
可能不可以 1.5%
完全不可以 0.3%

图 1-37　成年人群体对学习能否帮助实现理想生活的看法[③]

不论是往届生考研群体还是在职考研群体，在调查中发现，大多对通过学习提升生活质量持积极态度：大部分表示相信能够通过持续的学习来缓解自己的压力或焦虑，并且能够通过努力学习，实现自己的理想生活。

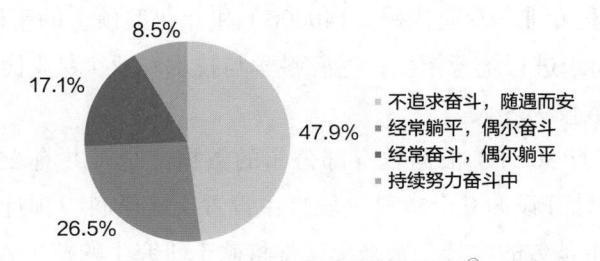

8.5%
17.1%
47.9%
26.5%

- 不追求奋斗，随遇而安
- 经常躺平，偶尔奋斗
- 经常奋斗，偶尔躺平
- 持续努力奋斗中

图 1-38　Z 世代对于奋斗的态度[④]

---

① 数据来源：艾瑞咨询，《中国教育行业市场需求洞察报告——成年人篇》
② 同上。
③ 同上。
④ 数据来源：脉脉，《抢滩数字时代·人才迁徙报告 2023》

当代年轻人对于考研的态度，也能反映出"Z世代"[①]的人生态度：奋斗仍然是主旋律。47.9%的受访者表示自己经常奋斗，只有偶尔"躺平"；26.5%的受访者表示自己正在持续努力奋斗中；仅有8.5%的受访者表示自己的人生态度是不追求刻意奋斗、随遇而安。

（四）交叉学科将持续快速发展

交叉学科发展重要事件

- 2020年9月，教育部、国家发展改革委、财政部共同发布《关于加快新时代研究生教育改革发展的意见》，明确指出要"适应社会需求变化，加快学科专业结构调整""建立……交叉学科分类发展新机制""设立新兴交叉学科门类，支持战略性新兴学科发展"。
- 2020年12月，国务院学位委员会、教育部共同发布《关于设置"交叉学科"门类、"集成电路科学与工程"和"国家安全学"一级学科的通知》，决定设置交叉学科门类，并确定了集成电路科学与工程和国家安全学两个一级学科。
- 2021年11月，国务院学位委员会发布《交叉学科设置与管理办法（试行）》，明确了编制交叉学科门类目录按照先试点再进目录的方式开展。
- 2022年9月，《国务院学位委员会办公室负责人就新版研究生教育学科专业目录和目录管理办法答记者问》中明确，将会"进一步放权学位授予单位自主设置学科专业"。

与23考研相比，24考研交叉学科的招生人数提升明显，同比增长了3,397人，增幅达770.3%。细分到专业来看，24考研交叉学科统考计划招生人数提升最明显的是学术型硕士的设计学专业（专业代码：140300）和专业型硕士的文物专业（专业代码：145100），招生人数分别为2,421人和834人，均为首次进行统考招生。学术型硕士的纳米科学与工程专业（专业代码：140600）和专业型硕士的密码专业（专业代码：145200），24考研尚未进行统考招生；遥感科学与技术专业（专业代码：140400）24考研统考计划招生人数仅为5人。

截至2023年6月30日，根据教育部公布的数据，全国共有252个学位授予单位（不含军队单位）共计开设860个本科阶段自主设置交叉学科，预计随着交叉学科的不断发展和本科毕业生基数的增长，未来交叉学科硕士研究生的招生人数和招生专业数量都会继续增长。

---

① "Z世代"（Generation-Z），泛指出生于1995—2009年的一代。这一代年轻人也被称为互联网世代，即受到互联网、即时通信等科技产物影响很深的一代

第二章
CHAPTER 2
24考研硕士研究生统考计划招生数据

一、24 考研硕士研究生统考计划招生数据

（一）24 考研分学科门类的硕士研究生统考计划招生数据

单位：人

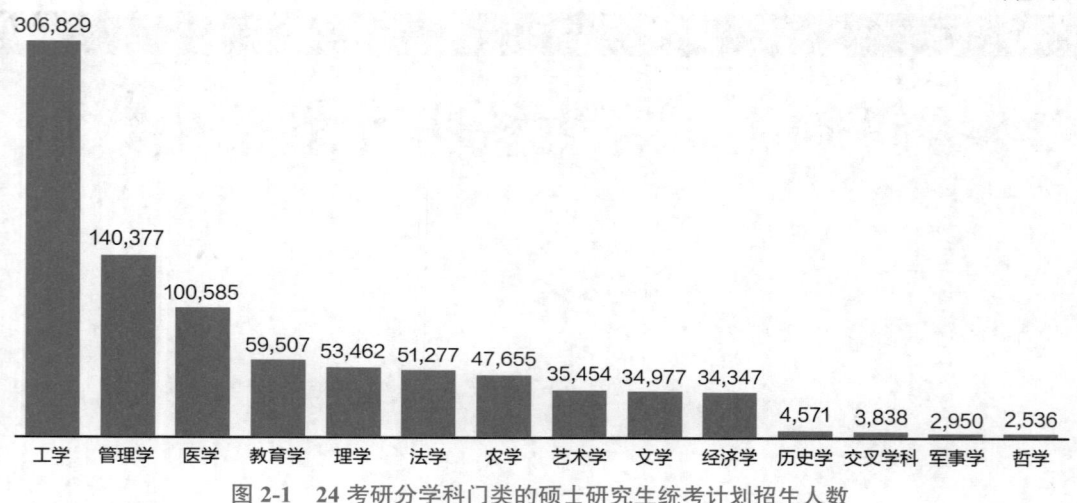

学科门类	人数
工学	306,829
管理学	140,377
医学	100,585
教育学	59,507
理学	53,462
法学	51,277
农学	47,655
艺术学	35,454
文学	34,977
经济学	34,347
历史学	4,571
交叉学科	3,838
军事学	2,950
哲学	2,536

图 2-1 24 考研分学科门类的硕士研究生统考计划招生人数

上图所呈现的是 24 考研 14 个学科门类的统考计划招生人数。24 考研统考计划招生共 878,365 人。其中，统考计划招生人数占比最大的学科门类是工学，占比 34.9%，统考计划招生 306,829 人；紧随其后的是管理学与医学门类，分别占比 16% 和 11.5%，统考计划招生人数分别为 140,377 人和 100,585 人。统考计划招生人数占比最小的学科门类是哲学，占比 0.3%，统考计划招生 2,536 人；其次是军事学与交叉学科，分别占比 0.3% 和 0.4%，统考计划招生人数分别为 2,950 人和 3,838 人。

各学科门类统考计划招生人数的占比与往年保持了基本一致。其中，由于工学门类细分的二级学科专业数量远超其他学科门类，其统考计划招生总人数显著高于其他学科门类。值得关注的是，交叉学科近年来的统考计划招生人数增长速度较快，二级学科的数量也在迅速扩张。预计在未来几年内，交叉学科的统考计划招生将继续保持高速增长态势。

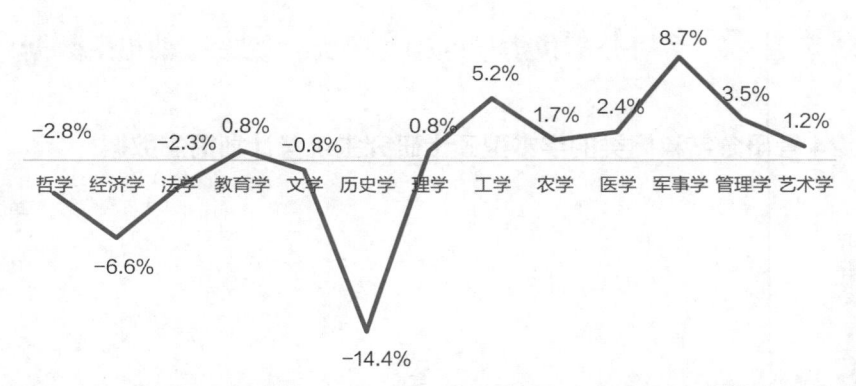

图 2-2 23 考研—24 考研分学科门类的硕士研究生统考计划招生人数变化率

注：因交叉学科涨幅较大，故未在该图表中呈现

与 23 考研相比，24 考研统考计划招生总人数呈增长趋势（共计增长 23,292 人，增幅为 2.7%）。其中，增幅前三名的学科门类是交叉学科（同比增长 770.3%）、军事学（同比增长 8.7%）、工学（同比增长 5.2%）；降幅前三名的学科门类是历史学（同比减少 14.4%）、经济学（同比减少 6.6%）、哲学（同比减少 2.8%）。

交叉学科的统考计划招生人数增幅为 770.3%，主要原因是 23 考研交叉学科的统考计划招生人数基数较小（441 人）。军事学、历史学和哲学这三个学科门类的统考计划招生基数同样相对较小，因此其增长率波动较为明显，其统考计划招生人数绝对值的变化并不显著。

值得关注的是，基数大的学科门类的统考计划招生人数有变化。工学门类统考计划招生人数的高增长，在一定程度上反映了相关专业就业时，对毕业生的专业知识储备要求较高。一方面，随着过去十几年来本科扩招，工科门类专业对口岗位对本科应届生招聘的需求逐渐接近饱和，因此越来越多的本科应届毕业生选择考研以提高自身的就业竞争力。为适应这一趋势，高等院校在工科硕士研究生招生人数上也相应上调。另一方面，近年来，国家加大了对建设教育强国的资源投入，明确提出要大力加强基础学科、新兴学科和交叉学科建设，瞄准世界科技前沿和国家重大战略需求推进科研创新。因此，对理工科硕士研究生培养的投入也进一步加大。

此外，24 考研经济学门类统考计划招生人数的减少与管理学门类统考计划招生人数的增加，一定程度上与学科门类的调整相关：在 23 考研中归属于经济学门类的审计硕士（调整前一级学科代码：0257），在 24 考研中调整到了管理学门类进行招生（调整后一级学科代码：1257）。

（二）22考研—24考研分学位类型的硕士研究生统考计划招生数据

1　24考研分学科门类的学术型硕士研究生统考计划招生数据

单位：人

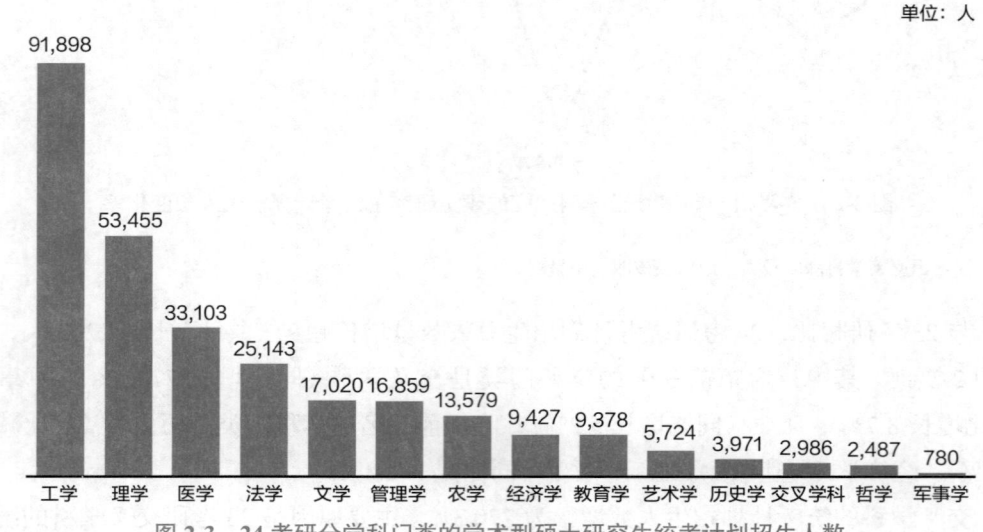

学科门类	人数
工学	91,898
理学	53,455
医学	33,103
法学	25,143
文学	17,020
管理学	16,859
农学	13,579
经济学	9,427
教育学	9,378
艺术学	5,724
历史学	3,971
交叉学科	2,986
哲学	2,487
军事学	780

图2-3　24考研分学科门类的学术型硕士研究生统考计划招生人数

24考研学术型硕士研究生统考计划招生共计285,810人。其中，占比最大的学科门类是工学，占比32.2%，统考计划招生91,898人；紧随其后的是理学与医学门类，分别占比18.7%和11.6%，统考计划招生人数分别为53,455人和33,103人。占比最小的学科门类是军事学，占比0.3%，统考计划招生780人；其次是哲学与交叉学科，分别占比0.9%和1.0%，统考计划招生人数分别为2,487人和2,986人。

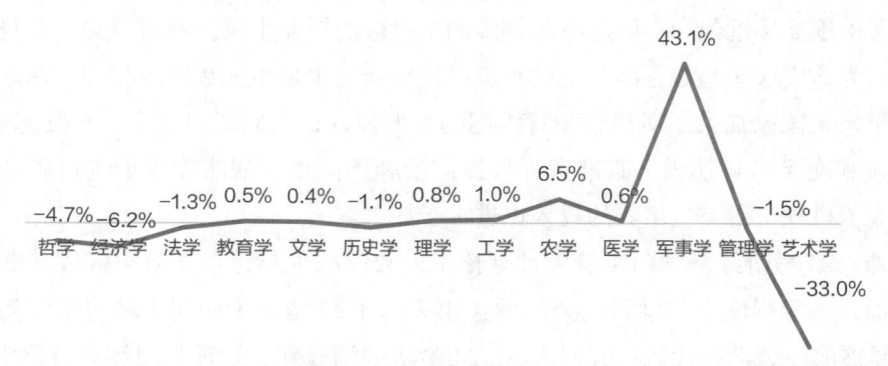

学科	变化率
哲学	-4.7%
经济学	-6.2%
法学	-1.3%
教育学	0.5%
文学	0.4%
历史学	-1.1%
理学	0.8%
工学	1.0%
农学	6.5%
医学	0.6%
军事学	43.1%
管理学	-1.5%
艺术学	-33.0%

图2-4　23考研—24考研分学科门类的学术型硕士研究生统考计划招生人数变化率

注：因交叉学科涨幅较大，故未在该图表中呈现

与23考研相比，24考研学术型硕士研究生统考计划招生总人数呈微增趋势（共计增长1,015人，增幅为0.4%）。其中，增幅前三名的学科门类是交叉学科（同比增长

577.1%)、军事学（同比增长 43.1%）、农学（同比增长 6.5%）；降幅前三名的学科门类是艺术学（同比减少 33.0%）、经济学（同比减少 6.2%）、哲学（同比减少 4.7%）。

整体来看，学术型硕士研究生的统考计划招生人数保持相对稳定，一方面是因为免试推荐攻读硕士研究生（即"保研"或"推免"）学术型硕士的占比较高，客观上留给统考考生的计划招生人数相对更少；另一方面是因为近年来统考硕士研究生的扩招更多聚焦于专业型硕士。

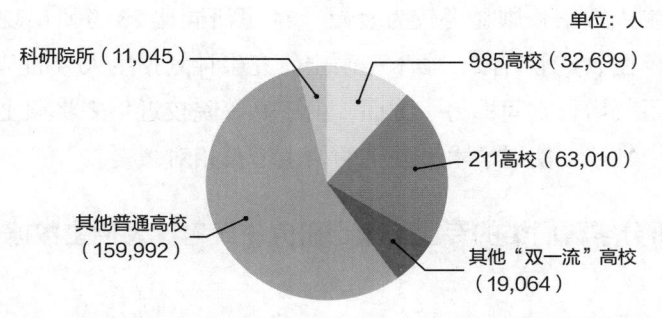

图 2-5　24 考研分招生单位类型的学术型硕士研究生统考计划招生人数

从招生单位类型来看，24 考研学术型硕士研究生统考计划招生人数占比最大的是其他普通高校[①]，占比为 56%，统考计划招生人数为 159,992 人。211 高校的学术型硕士研究生统考计划招生人数占比为 22%，统考计划招生人数为 63,010 人；985 高校的学术型硕士研究生统考计划招生人数占比为 11.4%，统考计划招生人数为 32,699 人；其他"双一流"高校和科研院所的学术型硕士研究生统考计划招生人数占比分别为 6.7% 和 3.9%，统考计划招生人数分别为 19,064 人和 11,045 人。

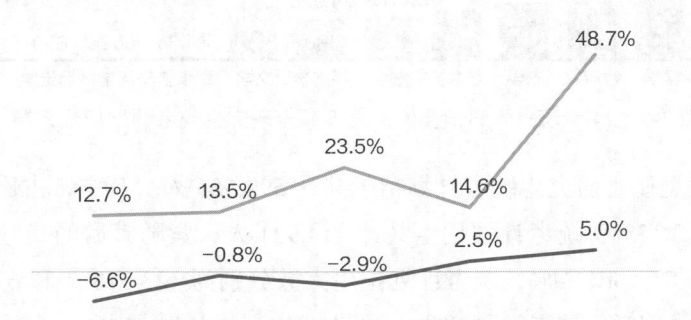

图 2-6　22 考研—24 考研分招生单位类型的学术型硕士研究生统考计划招生人数变化率

---

① 招生单位的类型可以分为：985 高校、211 高校、其他"双一流"高校、其他普通高校、其他招生单位。其中：
　a. 211 高校是指"211 工程"高校中，不包括"985 工程"高校的部分
　b. 其他"双一流"高校是指"双一流"高校中，不包括"985 工程"高校、"211 工程"高校的部分
　c. 其他普通高校是指全国具备硕士研究生招生和培养资质的普通高等学校中，不包括"985 工程"高校、"211 工程"高校、其他"双一流"高校的部分
　d. 科研院所是指全国具备硕士研究生招生与培养资质的科研院所

从 22 考研到 24 考研，各类招生单位的学术型硕士研究生统考计划招生人数总体呈现增长趋势，但 24 考研的增长率同比呈现出放缓的趋势，这与近年来国家加大对专业型硕士的培养大方向密切相关。

科研院所的学术型硕士研究生统考计划招生人数持续增长。这一现象可以归因于 23 考研科研院所学术型硕士研究生统考计划招生基数相对较小，同时也与科研院所培养的人才主要为学术研究型人才的特质密切相关。相对而言，985 高校的学术型硕士研究生统考计划招生人数增长则显得较为缓慢，24 考研同比 23 考研出现负增长。这一方面是因为 985 高校在数量上有限，学术型硕士研究生计划招生人数的基数相对较大，从而在客观上限制了其增长空间；另一方面，由于高等院校近年来将硕士研究生培养的重点转向专业型硕士领域，使得学术型硕士的招生增长相对缓慢。

❷ 24 考研分学科门类的专业型硕士研究生统考计划招生数据

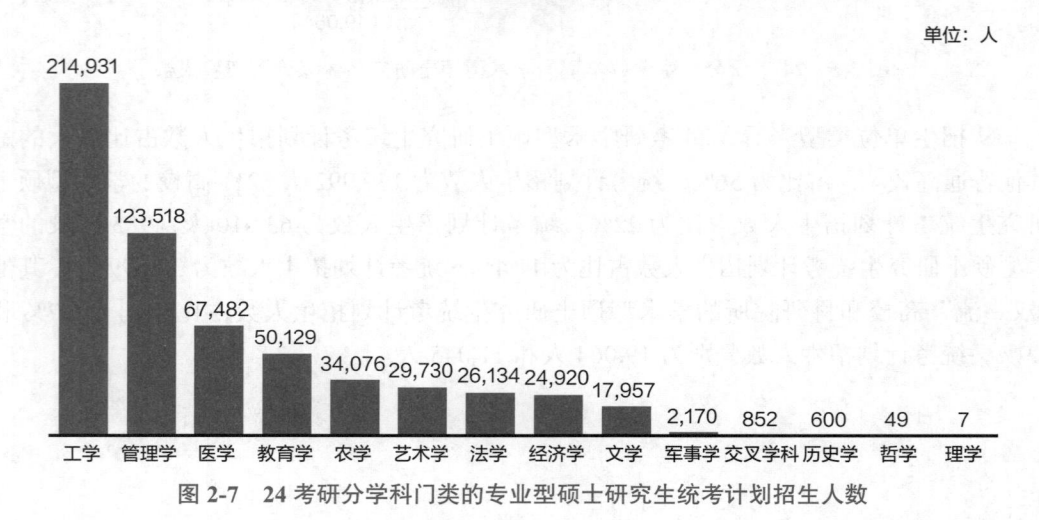

单位：人

学科门类	招生人数
工学	214,931
管理学	123,518
医学	67,482
教育学	50,129
农学	34,076
艺术学	29,730
法学	26,134
经济学	24,920
文学	17,957
军事学	2,170
交叉学科	852
历史学	600
哲学	49
理学	7

图 2-7　24 考研分学科门类的专业型硕士研究生统考计划招生人数

24 考研专业型硕士研究生统考计划招生共计 592,555 人。其中，占比最大的学科门类是工学，占比 36.3%，统考计划招生共计 214,931 人；紧随其后的是管理学与医学门类，分别占比 20.8% 和 11.4%，统考计划招生人数分别为 123,518 人和 67,482 人。占比最小的学科门类是理学，统考计划招生人数仅 7 人，占比 0.0012%；其次是哲学与历史学，分别占比 0.0083% 和 0.1%，统考计划招生人数分别为 49 人和 600 人。由于理学门类和哲学门类在 24 考研中都是首次进行专业型硕士研究生招生，招生单位的数量较少，因此统考计划招生人数也较少。

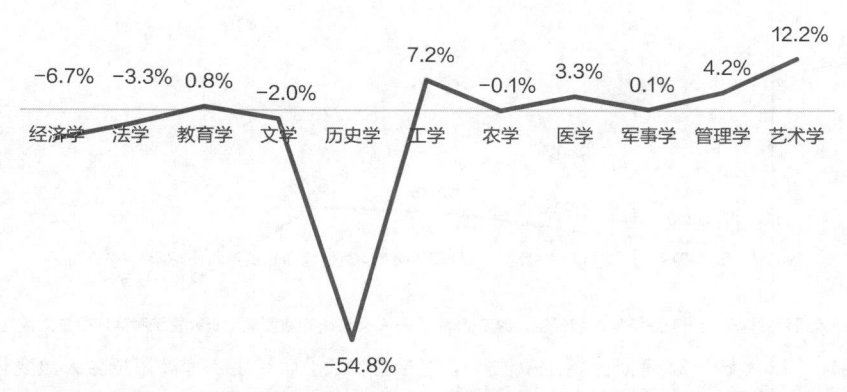

图 2-8 23 考研—24 考研分学科门类的专业型硕士研究生统考计划招生人数变化率

与 23 考研相比，24 考研专业型硕士研究生统考计划招生总人数呈增长趋势（共计增长 22,277 人，增幅为 3.9%）。其中，增幅前三名的学科门类是艺术学（同比增长 12.2%）、工学（同比增长 7.2%）、管理学（同比增长 4.2%）；降幅前三名的学科门类是历史学（同比减少 54.8%）、经济学（同比减少 6.7%）、法学（同比减少 3.3%）。此外，哲学、理学、交叉学科在 23 考研专业型硕士研究生的统考计划招生人数均为 0 人，在 24 考研统考计划招生人数分别为 49 人、7 人和 852 人，具体信息可查看本章第二节"十四大学科门类硕士研究生统考计划招生数据"中的分学科门类招生数据。

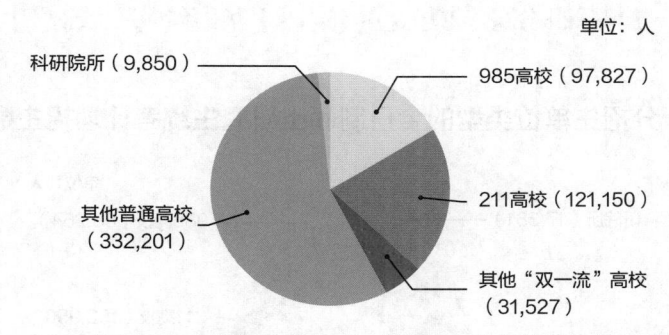

图 2-9 24 考研分招生单位类型的专业型硕士研究生统考计划招生人数

从招生单位类型来看，24 考研专业型硕士研究生统考计划招生人数占比最大的是其他普通高校，占比为 56.1%，统考计划招生人数为 332,201 人。211 高校的统考计划招生人数占比为 20.4%，统考计划招生人数为 121,150 人；985 高校的统考计划招生人数占比为 16.5%，统考计划招生人数为 97,827 人；其他"双一流"高校和科研院所的统考计划招生人数占比分别为 5.3% 和 1.7%，统考计划招生人数分别为 31,527 人和 9,850 人。

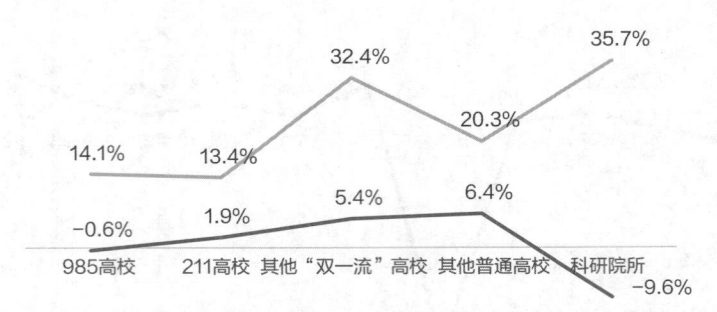

```
                                              35.7%
                              32.4%
                                       20.3%
         14.1%  13.4%
                              5.4%    6.4%
         -0.6%  1.9%
         985高校  211高校  其他"双一流"高校  其他普通高校  科研院所
                                                      -9.6%
```

——23考研专业型硕士研究生统考计划招生人数变化率　　——24考研专业型硕士研究生统考计划招生人数变化率

图 2-10　22 考研—24 考研分招生单位类型的专业型硕士研究生统考计划招生人数变化率

从 22 考研到 24 考研，各类招生单位的专业型硕士研究生统考计划招生人数总体呈现增长趋势。其中，统考计划招生人数增幅最大的招生单位类型为其他"双一流"高校，同比增长 39.6%；增幅最小的招生单位为 985 高校，同比增长 13.4%。

在本书中，"其他'双一流'高校"是指不属于 985、211 高校序列的"双一流"院校。这部分院校本身就具备了较强的综合实力和专业优势，具备了硕士研究生招生人数快速增长的基础。在成为"双一流"高校之后，其学术资源和人才培养经费均会进一步提升，因此其近年来的硕士研究生招生规模增长迅猛。

（三）22 考研—24 考研分学习方式的硕士研究生统考计划招生数据

1 24 考研分招生单位类型的全日制硕士研究生统考计划招生数据

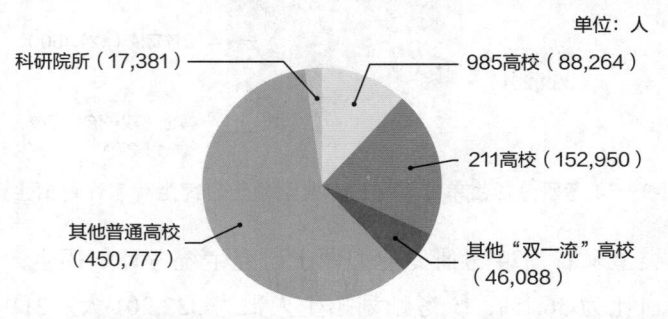

```
单位：人
科研院所（17,381）         985高校（88,264）
                          211高校（152,950）
其他普通高校              其他"双一流"高校
（450,777）              （46,088）
```

图 2-11　24 考研分招生单位类型的全日制硕士研究生统考计划招生人数

从招生单位类型来看，24 考研全日制硕士研究生统考计划招生人数占比最大的是其他普通高校，占比为 59.7%，统考计划招生人数为 450,777 人；而科研院所的比重最小，仅为 2.3%，统考计划招生人数为 17,381 人。统考计划招生人数的占比与相应类型招生单位的数量基本呈现正相关。

	985高校	211高校	其他"双一流"高校	其他普通高校	科研院所
23考研全日制硕士研究生统考计划招生人数变化率	20.0%	16.3%	32.3%	20.4%	55.4%
24考研全日制硕士研究生统考计划招生人数变化率	-1.6%	1.0%	2.2%	5.7%	-2.9%

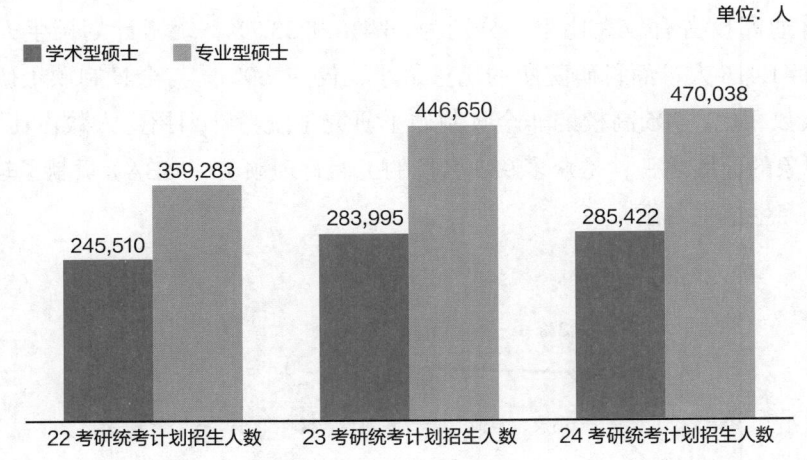

图 2-12　22 考研—24 考研分招生单位类型的全日制硕士研究生统考计划招生人数变化率

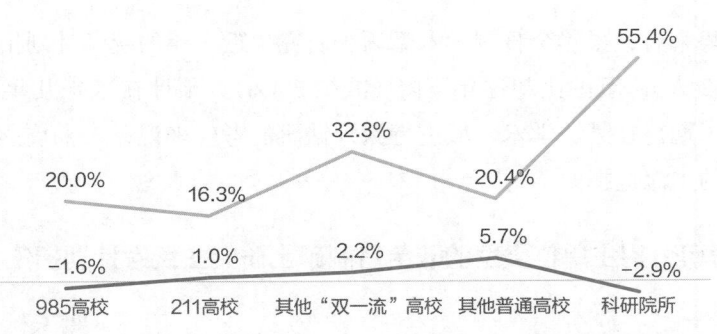

从 22 考研到 24 考研，各类招生单位的全日制硕士研究生统考计划招生人数整体呈现上升趋势，但 24 考研的增长率同比呈现出放缓的趋势。其中，其他普通高校的全日制硕士研究生统考计划招生人数三年来增长明显，由于其招生基数较大，因此其他普通高校也是近年来全日制硕士研究生扩招的主要增量来源；985 高校和 211 高校的全日制硕士研究生统考计划招生人数在 23 考研中有明显提升，24 考研统考计划招生人数基本持平，增长趋势与大盘变化趋势同步，增幅落后于其他"双一流"高校和其他普通高校，这在一定程度上与这两类招生单位的免试推荐攻读硕士研究生人数占比更高有关。

单位：人

	22考研统考计划招生人数	23考研统考计划招生人数	24考研统考计划招生人数
学术型硕士	245,510	283,995	285,422
专业型硕士	359,283	446,650	470,038

图 2-13　22 考研—24 考研分学位类型的全日制硕士研究生统考计划招生人数

22 考研中，全日制学术型硕士研究生统考计划招生人数占比为 40.6%，全日制专业型硕士研究生统考计划招生人数占比为 59.4%；23 考研中，全日制学术型硕士研究生统考计划招生人数占比为 38.9%，全日制专业型硕士研究生统考计划招生人数占比为 61.1%；24 考研中，全日制学术型硕士研究生统考计划招生人数占比为 37.8%，全日制专业型硕士研究生统考计划招生人数占比为 62.2%。

从整体趋势来看，虽然全日制学术型硕士研究生近 3 年的统考计划招生人数略有增长（增长 39,912 人），但占比却逐年下降（减少 2.8%）。预计在未来几年，该趋势将会继续保持。对于期待在某一学术领域进行深入钻研的考生来说，未来攻读博士研究生可能成为一个新的主流选择。

❷ 24 考研分招生单位类型的非全日制硕士研究生统考计划招生数据

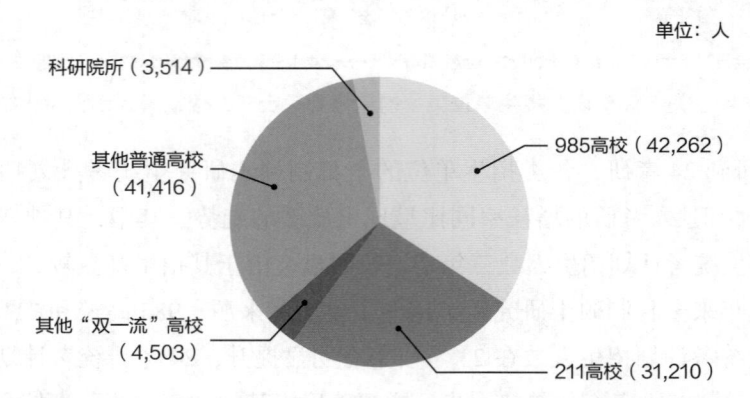

单位：人

科研院所（3,514）
其他普通高校（41,416）
其他"双一流"高校（4,503）
985高校（42,262）
211高校（31,210）

图 2-14　24 考研分招生单位类型的非全日制硕士研究生统考计划招生人数

从招生单位类型来看，24 考研非全日制硕士研究生统考计划招生人数中，985 高校和其他普通高校占有较大比重，分别为 34.4% 和 33.7%，统考计划招生人数分别为42,262 人和 41,416 人；而科研院所的比重最小，仅为 2.9%。与全日制硕士研究生统考计划招生人数相比，985 高校的非全日制硕士研究生统考计划招生人数占比更高一些，出现这一现象的原因之一，是众多 985 名校的工商管理硕士（MBA）贡献了较多的非全日制硕士研究生招生名额。

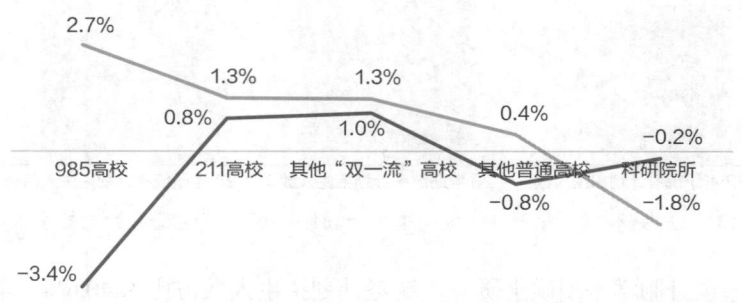

	985高校	211高校	其他"双一流"高校	其他普通高校	科研院所
23考研	2.7%	1.3%	1.3%	0.4%	-0.2%
24考研	-3.4%	0.8%	1.0%	-0.8%	-1.8%

—— 23考研非全日制硕士研究生统考计划招生人数变化率　　—— 24考研非全日制硕士研究生统考计划招生人数变化率

图 2-15　22 考研—24 考研非全日制硕士研究生分招生单位类型的统考计划招生人数变化率

从 22 考研到 24 考研，非全日制硕士研究生统考计划招生人数的趋势保持基本稳定，985 高校和 211 高校的统考计划招生人数占比有轻微波动，但总体变化趋势不明显。其他"双一流"高校、其他普通高校和科研院所的统考计划招生人数占比相对稳定。

单位：人

■学术型硕士　■专业型硕士

	22考研统考计划招生人数	23考研统考计划招生人数	24考研统考计划招生人数
学术型硕士	747	800	388
专业型硕士	121,971	123,628	122,517

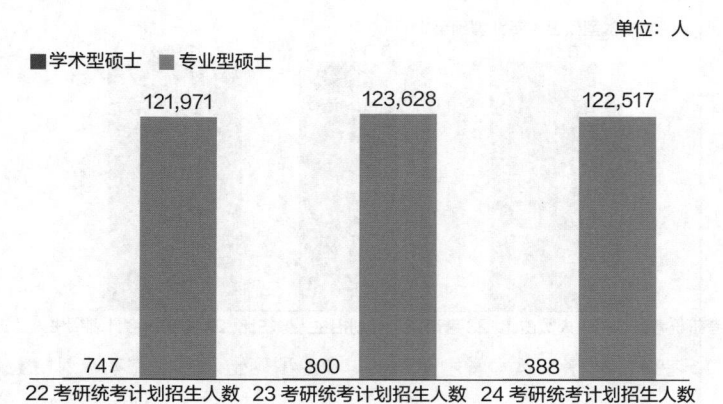

图 2-16　22考研—24考研非全日制硕士研究生统考计划招生人数

22考研中，非全日制学术型硕士研究生统考计划招生人数占比为0.6%，专业型硕士研究生统考计划招生人数占比为99.4%；23考研中，非全日制学术型硕士研究生统考计划招生人数占比为0.6%，非全日制专业型硕士研究生统考计划招生人数占比为99.4%；24考研中，非全日制学术型硕士研究生统考计划招生人数占比为0.3%，非全日制专业型硕士研究生统考计划招生人数占比为99.7%。过往三个考季的非全日制硕士研究生统考计划招生人数中，专业型硕士的占比都超过99%，学术型硕士占比极小；且在24考研中，非全日制的学术型硕士研究生计划招生人数绝对值也出现了显著下降。

二、十四大学科门类硕士研究生统考计划招生数据

（一）哲学门类硕士研究生统考计划招生数据

1　哲学门类硕士研究生统考计划招生数据

表 2-1　22考研—24考研哲学硕士研究生统考计划招生人数对比

学科门类	22考研统考计划招生人数（人）	23考研统考计划招生人数（人）	24考研统考计划招生人数（人）
哲学	2,334	2,610	2,536

从22考研到24考研，哲学门类的统考计划招生人数呈现先增长后下降的趋势，但整体变化幅度不大，统考计划招生人数的绝对值保持相对稳定。从22考研到23考研，统考计划招生规模扩大了276人，同比增长11.8%；从23考研到24考研，统考计划招生人数下降了74人，同比减少2.8%。

图 2-17 22考研—24考研哲学学术型硕士与专业型硕士研究生统考计划招生人数占比

24考研为哲学专业型硕士研究生首次招生，招生单位数量较少，仅占比1.9%；预计在接下来的2~3个考季，哲学专业型硕士研究生的统考计划招生人数和招生单位数量都会有所提升。

表 2-2 22考研—24考研哲学非全日制硕士研究生统考计划招生人数对比

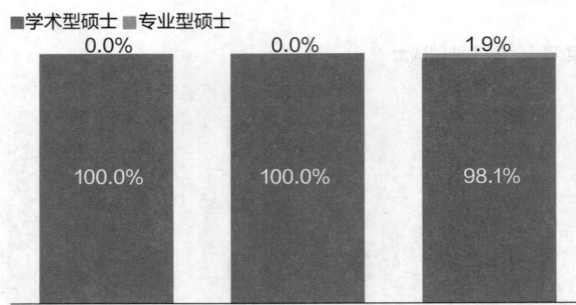

哲学	22考研统考计划招生人数（人）	23考研统考计划招生人数（人）	24考研统考计划招生人数（人）
非全日制硕士	14	14	41

从22考研到24考研，哲学门类的非全日制硕士研究生统考计划招生人数整体变化趋势不大。从22考研到23考研，统考计划招生人数均为14人；从23考研到24考研，统考计划招生人数增加了27人，同比增长192.9%，但整体计划招生基数依然非常小，并非哲学门类研究生报考的主流选择。

计划报考哲学非全日制硕士研究生的考生，推荐关注在24考研中统考计划招生人数较多的招生单位：
- 中国计量大学，哲学（专业代码：010100）
- 复旦大学，应用伦理（专业代码：015100）
- 中国人民大学，应用伦理（专业代码：015100）

2 哲学门类学术型硕士研究生统考计划招生数据

单位：人

	22考研统考计划招生人数	23考研统考计划招生人数	24考研统考计划招生人数
985高校	477	702	656
211高校	614	644	608
其他"双一流"高校	156	166	141
其他普通高校	1,015	1,024	1,005
科研院所	72	74	77

图 2-18 22考研—24考研哲学学术型硕士研究生分招生单位类型的统考计划招生人数

从 22 考研到 24 考研，哲学门类学术型硕士研究生统考计划招生人数呈现先上升后下降的趋势，整体趋于稳定。从 22 考研到 23 考研，统考计划招生规模扩大了 276 人，同比增长 11.8%；从 23 考研到 24 考研，统考计划招生人数下降了 123 人，同比减少 4.7%。

表 2-3　23 考研—24 考研哲学学术型硕士研究生一级学科统考计划招生人数对比

一级学科名称（学术型硕士）	一级学科代码	23 考研统考计划招生人数（人）	24 考研统考计划招生人数（人）	增长率
哲学	0101	2,610	2,487	-4.7%
总计	—	2,610	2,487	-4.7%

与 23 考研相比，24 考研哲学门类学术型硕士研究生统考计划招生人数呈现微降的趋势。其唯一的一级学科哲学（一级学科代码：0101）计划招生人数下降 123 人，同比减少 4.7%。

计划报考哲学学术型硕士研究生的考生，推荐关注以下统考计划招生人数同比增长的招生单位：

— 贵阳学院，中国哲学（专业代码：010102）
— 西北大学，哲学（专业代码：010100）
— 中南大学，哲学（专业代码：010100）
— 北京航空航天大学，科学技术哲学（专业代码：010108）
— 河北师范大学，哲学（专业代码：010100）
— 中央民族大学，哲学（专业代码：010100）

3　哲学门类专业型硕士研究生统考计划招生数据

单位：人

	22 考研统考计划招生人数	23 考研统考计划招生人数	24 考研统考计划招生人数
985 高校	0	0	49
211 高校	0	0	0
其他"双一流"高校	0	0	0
其他普通高校	0	0	0
科研院所	0	0	0

图 2-19　22 考研—24 考研哲学专业型硕士研究生分招生单位类型的统考计划招生人数

24 考研为哲学专业型硕士研究生首次招生，统考计划招生人数为 49 人，均集中在 985 高校。

表2-4 23考研—24考研哲学专业型硕士研究生一级学科统考计划招生人数对比

一级学科名称（专业型硕士）	一级学科代码	23考研统考计划招生人数（人）	24考研统考计划招生人数（人）	增长率
应用伦理	0151	0	49	—
总计	—	0	49	—

注：应用伦理（0151）为24考研哲学专业型硕士研究生新增一级学科

哲学一级学科应用伦理（一级学科代码：0151）为24考研新增一级学科，开设相关专业的招生单位数量较少，统考计划招生人数仅49人。

计划报考哲学专业型硕士的考生，推荐关注以下统考计划招生人数较多的招生单位：

— 华东师范大学，应用伦理（专业代码：015100）
— 中国人民大学，应用伦理（专业代码：015100）

（二）经济学门类硕士研究生统考计划招生数据

1 经济学门类硕士研究生统考计划招生数据

表2-5 22考研—24考研经济学硕士研究生统考计划招生人数对比

学科门类	22考研统考计划招生人数（人）	23考研统考计划招生人数（人）	24考研统考计划招生人数（人）
经济学	30,898	36,776	34,347

从22考研到24考研，经济学门类的统考计划招生人数呈现先上升后下降的趋势。从22考研到23考研，统考计划招生规模扩大了5,878人，同比增长19%；从23考研到24考研，统考计划招生人数下降了2,429人，同比减少6.6%。

■ 学术型硕士 ■ 专业型硕士

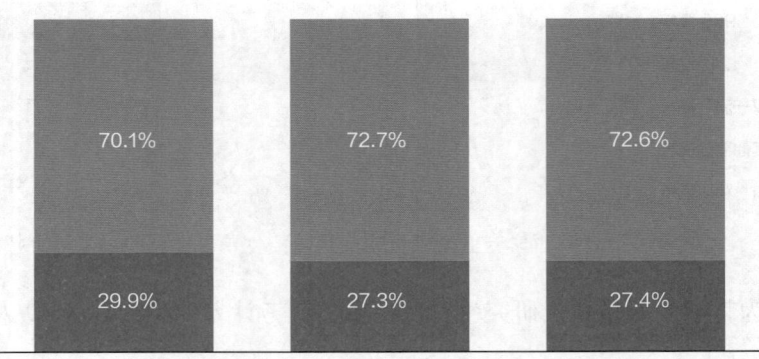

	22考研统考计划招生人数占比	23考研统考计划招生人数占比	24考研统考计划招生人数占比
学术型硕士	70.1%	72.7%	72.6%
专业型硕士	29.9%	27.3%	27.4%

图2-20 22考研—24考研经济学学术型硕士与专业型硕士研究生统考计划招生人数占比

与 23 考研相比，24 考研经济学专业型硕士与学术型硕士的占比保持稳定，专业型硕士研究生的统考计划招生人数占比持续超过学术型硕士研究生，这在一定程度上体现了经济学应用性较强的学科属性。

表 2-6　22 考研—24 考研经济学非全日制硕士研究生统考计划招生人数对比

经济学	22 考研统考计划招生人数（人）	23 考研统考计划招生人数（人）	24 考研统考计划招生人数（人）
非全日制硕士	1,769	2,336	1,340

从 22 考研到 24 考研，经济学门类的非全日制硕士研究生统考计划招生人数呈现先上升后下降的趋势。从 22 考研到 23 考研，统考计划招生规模扩大了 567 人，同比增长 32.1%；从 23 考研到 24 考研，统考计划招生人数下降了 996 人，同比减少 42.6%。需要注意的是，审计硕士在 24 考研中，不再作为经济学门类的一级学科进行招生，而是调整到了管理学门类进行招生，这在客观上也导致了经济学非全日制硕士的统考计划招生人数同比减少。

计划报考经济学非全日制硕士研究生的考生，推荐关注 24 考研统考计划招生人数较多的招生单位：

- 厦门大学，金融（专业代码：025100）
- 上海大学，金融（专业代码：025100）
- 中山大学，金融（专业代码：025100）
- 广西大学，金融（专业代码：025100）

❷ 经济学门类学术型硕士研究生统考计划招生数据

单位：人

招生单位类型	22 考研统考计划招生人数	23 考研统考计划招生人数	24 考研统考计划招生人数
985 高校	1,055	1,096	978
211 高校	2,357	2,597	2,449
其他"双一流"高校	296	298	273
其他普通高校	5,292	5,798	5,464
科研院所	232	265	263

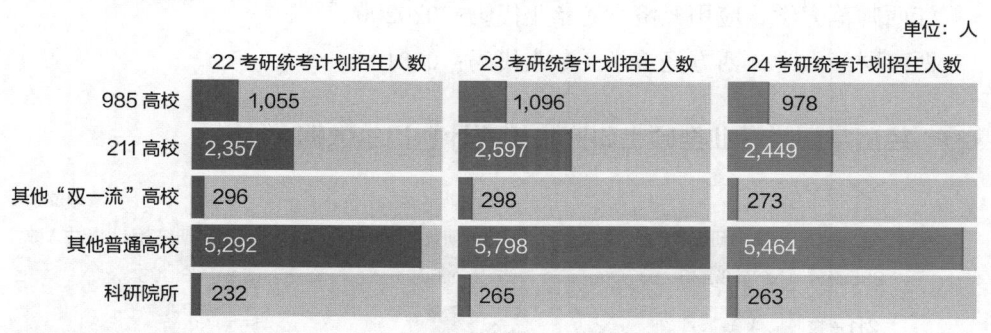

图 2-21　22 考研—24 考研经济学学术型硕士研究生分招生单位类型的统考计划招生人数

从 22 考研到 24 考研，经济学门类学术型硕士研究生统考计划招生人数呈现先上升后下降的趋势。从 22 考研到 23 考研，统考计划招生规模扩大了 822 人，同比增长 8.9%；从 23 考研到 24 考研，统考计划招生人数下降了 627 人，同比减少 6.2%。与 23

考研相比，24考研985高校降幅最大，科研院所降幅最小，分别为10.8%和0.8%。

表2-7 23考研—24考研经济学学术型硕士研究生一级学科统考计划招生人数对比

一级学科名称 （学术型硕士）	一级学科代码	23考研统考计划 招生人数（人）	24考研统考计划 招生人数（人）	增长率
理论经济学	0201	1,868	1,762	−5.7%
应用经济学	0202	7,833	7,414	−5.3%
统计学	0207	296	251	−15.2%
总计	—	9,997	9,427	−5.7%

注：为保证数据的统计维度一致，23考季已去除以院系所为单位招生的57人

与23考研相比，24考研经济学学术型硕士研究生的一级学科统考计划招生人数都呈现出了下降的趋势。其中，降幅最大的一级学科是统计学（一级学科代码：0207），其计划招生人数下降了45人，同比减少15.2%。

计划报考经济学学术型硕士研究生的考生，推荐关注以下统考计划招生人数同比增长的招生单位：
- 南开大学，应用经济学（专业代码：020200）
- 西南财经大学，金融学（专业代码：020204）
- 南京财经大学，应用经济学（专业代码：020200）
- 河南大学，应用经济学（专业代码：020200）
- 上海海洋大学，应用经济学（专业代码：020200）
- 北京工商大学，金融学（专业代码：020204）
- 华侨大学，应用经济学（专业代码：020200）
- 江西师范大学，应用经济学（专业代码：020200）
- 西南财经大学，西方经济学（专业代码：020104）

3 经济学门类专业型硕士研究生统考计划招生数据

单位：人

	22考研统考计划招生人数	23考研统考计划招生人数	24考研统考计划招生人数
985高校	3,205	3,507	3,403
211高校	5,390	6,362	5,968
其他"双一流"高校	606	685	684
其他普通高校	12,244	15,827	14,648
科研院所	221	341	217

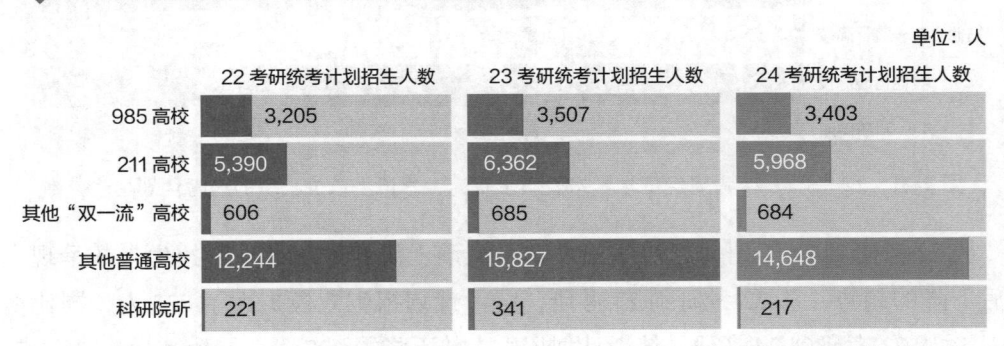

图2-22 22考研—24考研经济学专业型硕士研究生分招生单位类型的统考计划招生人数

从 22 考研到 24 考研，经济学门类专业型硕士研究生统考计划招生人数呈现先上升后下降的趋势。从 22 考研到 23 考研，统考计划招生规模扩大了 5,056 人，同比增长 23.3%；从 23 考研到 24 考研，统考计划招生人数下降了 1,802 人，同比减少 6.7%。

与 23 考研相比，24 考研中科研院所的统考计划招生人数降幅最大，其他"双一流"高校降幅最小，分别为 36.4% 和 0.1%。经济学专业型硕士研究生统考计划招生人数的增长，再次印证了经济学相关专业是考研的热门报考目标，考生需要合理选择院校专业，科学安排备考。

表 2-8　23 考研—24 考研经济学专业型硕士研究生一级学科统考计划招生人数对比

一级学科名称（专业型硕士）	一级学科代码	23 考研统考计划招生人数（人）	24 考研统考计划招生人数（人）	增长率
金融	0251	10,283	10,285	0%
应用统计	0252	5,643	5,803	2.8%
税务	0253	1,646	1,789	8.7%
国际商务	0254	4,422	4,785	8.2%
保险	0255	1,068	1,010	−5.4%
资产评估	0256	1,050	992	−5.5%
数字经济	0258	0	90	—
总计	—	26,153	24,754	−5.3%

注：
1）审计 24 考研更改为管理学门类招生，故不在此处呈现
2）数字经济（0258）为 24 考研经济学专业型硕士研究生新增一级学科
3）24 考研统考计划招生人数不含中国人民大学碳经济专业（0259S1）招生 30 人
4）为保证数据的统计维度一致，23 考季已去除以院系所为单位招生的 569 人，24 考季已去除以院系所为单位招生的 136 人

与 23 考研相比，24 考研经济学专业型硕士研究生中统考计划招生人数增幅最大的一级学科是税务（一级学科代码：0253），其计划招生规模扩大了 143 人，同比增长 8.7%。降幅最大的一级学科是资产评估（一级学科代码：0256），统考计划招生人数下降了 58 人，同比减少 5.5%。

计划报考经济学专业型硕士研究生的考生，推荐关注以下统考计划招生人数同比增长的招生单位：
— 上海对外经贸大学，国际商务（专业代码：025400）
— 广东财经大学，金融（专业代码：025100）
— 上海对外经贸大学，应用统计（专业代码：025200）
— 浙江财经大学，金融（专业代码：025100）

- 上海外国语大学，金融（专业代码：025100）
- 上海对外经贸大学，金融（专业代码：025100）
- 北京工商大学，金融（专业代码：025100）
- 复旦大学，金融（专业代码：025100）
- 广东财经大学，保险（专业代码：025500）
- 暨南大学，金融（专业代码：025100）

（三）法学门类硕士研究生统考计划招生数据

1 法学门类硕士研究生统考计划招生数据

表 2-9　22 考研—24 考研法学硕士研究生统考计划招生人数对比

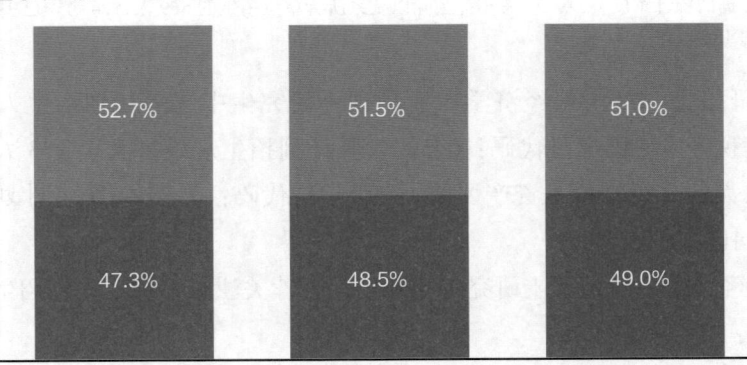

学科门类	22 考研统考计划招生人数（人）	23 考研统考计划招生人数（人）	24 考研统考计划招生人数（人）
法学	45,503	52,486	51,277

从 22 考研到 24 考研，法学门类的统考计划招生人数呈现先增长后下降的趋势。从 22 考研到 23 考研，统考计划招生规模扩大了 6,983 人，同比增长 15.3%；从 23 考研到 24 考研，统考计划招生人数下降了 1,209 人，同比减少 2.3%。由于 23 考研的统考计划招生人数增长幅度较大，24 考研的统考计划招生人数虽然微降，但招生规模整体保持稳定，属于正常波动。

图 2-23　22 考研—24 考研法学学术型硕士研究生与专业型硕士研究生统考计划招生人数占比

	22 考研	23 考研	24 考研
专业型硕士	52.7%	51.5%	51.0%
学术型硕士	47.3%	48.5%	49.0%

从 22 考研到 24 考研，法学学术型硕士研究生的招生比例从 22 考研的 47.3% 逐年微增，到 24 考研达到 49%，整体占比保持稳定。

表 2-10　22 考研—24 考研法学非全日制硕士研究生统考计划招生人数对比

法学	22 考研统考计划招生人数（人）	23 考研统考计划招生人数（人）	24 考研统考计划招生人数（人）
非全日制硕士	5,633	4,753	4,344

从 22 考研到 24 考研，法学门类的非全日制硕士研究生统考计划招生人数呈现持续下降的趋势。从 22 考研到 23 考研，统考计划招生人数减少了 880 人，同比减少 15.6%；从 23 考研到 24 考研，统考计划招生人数又减少了 409 人，同比减少 8.6%。这一变化趋势与招生单位的硕士研究生培养计划方式调整有密切关系，由此可以预测，在未来 2～3 个考季，法学非全日制硕士研究生的招生人数还会进一步减少。

计划报考法学非全日制硕士研究生的考生，推荐关注 24 考研统考计划招生人数较多的招生单位：

- 同济大学，法律（非法学）(专业代码：035101)
- 北京理工大学，法律（非法学）(专业代码：035101)
- 华东政法大学，法律（非法学）(专业代码：035101)
- 华东政法大学，法律（法学）(专业代码：035102)
- 北京理工大学，法律（法学）(专业代码：035102)

❷ 法学门类学术型硕士研究生统考计划招生数据

单位：人

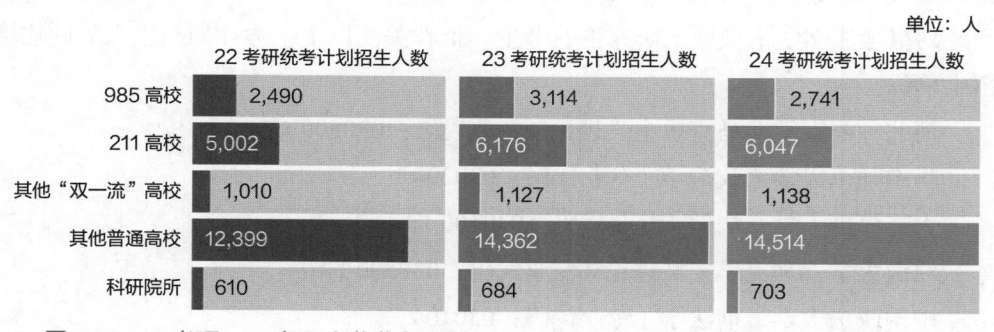

招生单位类型	22 考研统考计划招生人数	23 考研统考计划招生人数	24 考研统考计划招生人数
985 高校	2,490	3,114	2,741
211 高校	5,002	6,176	6,047
其他"双一流"高校	1,010	1,127	1,138
其他普通高校	12,399	14,362	14,514
科研院所	610	684	703

图 2-24　22 考研—24 考研法学学术型硕士研究生分招生单位类型的统考计划招生人数

从 22 考研到 24 考研，法学门类学术型硕士研究生统考计划招生人数呈现先上升后下降的趋势。从 22 考研到 23 考研，统考计划招生规模扩大了 3,952 人，同比增长 18.4%；从 23 考研到 24 考研，统考计划招生人数下降了 320 人，同比减少 1.3%。考虑到 23 考研的统考计划招生人数绝对值增长明显，24 考研统考计划招生人数的微降属于正常波动范围。

表 2-11 23 考研—24 考研法学学术型硕士研究生一级学科统考计划招生人数对比

一级学科名称（学术型硕士）	一级学科代码	23 考研统考计划招生人数（人）	24 考研统考计划招生人数（人）	增长率
法学	0301	9,043	8,552	-5.4%
政治学	0302	2,165	2,115	-2.3%
社会学	0303	1,356	1,254	-7.5%
民族学	0304	1,097	1,085	-1.1%
马克思主义理论	0305	11,435	11,734	2.6%
公安学	0306	279	313	12.2%
中共党史党建学	0307	—	17	—
总计	—	25,375	25,070	-1.2%

注：
1）中共党史党建学（0307）为 24 考研法学学术型硕士研究生新增一级学科
2）24 考研统考计划招生人数不含同济大学知识产权学专业（039901）招生 8 人
3）为保证数据的统计维度一致，23 考季已去除以院系所为单位招生的 88 人，24 考季已去除以院系所为单位招生的 65 人

与 23 考研相比，24 考研法学学术型硕士研究生的统考计划招生数据整体呈现出略微下降的趋势。其中降幅最大的一级学科是社会学（一级学科代码：0303），统考计划招生人数减少了 102 人，同比减少 7.5%；增幅最大的一级学科是公安学（一级学科代码：0306），增长人数为 34 人，同比增长 12.2%。

计划报考法学学术型硕士研究生的考生，推荐关注以下统考计划招生人数同比增长的招生单位：

— 河北师范大学，马克思主义理论（专业代码：030500）

— 华中师范大学，政治学（专业代码：030200）

— 大连海事大学，法学（专业代码：030100）

— 河南大学，马克思主义理论（专业代码：030500）

— 中国政法大学，刑法学（专业代码：030104）

— 中国政法大学，宪法学与行政法学（专业代码：030103）

— 中国政法大学，民商法学（专业代码：030105）

— 上海理工大学，马克思主义理论（专业代码：030500）

— 苏州大学，马克思主义理论（专业代码：030500）

— 中国青年政治学院，思想政治教育（专业代码：030505）

3 法学门类专业型硕士研究生统考计划招生数据

单位：人

	22考研统考计划招生人数	23考研统考计划招生人数	24考研统考计划招生人数
985高校	4,225	5,403	4,234
211高校	5,888	6,311	6,325
其他"双一流"高校	1,392	1,500	1,494
其他普通高校	12,284	13,497	13,825
科研院所	203	312	256

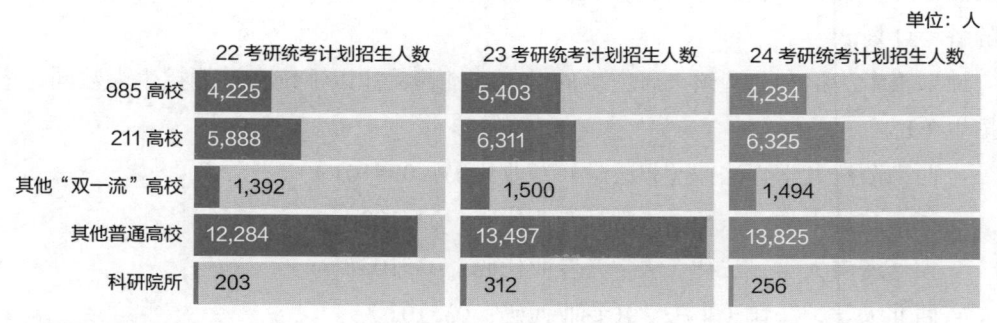

图2-25 22考研—24考研法学专业型硕士研究生分招生单位类型的统考计划招生人数

从22考研到24考研，法学门类专业型硕士研究生统考计划招生人数呈现先上升后下降的趋势。从22考研到23考研，统考计划招生规模扩大了3,031人，同比增长12.6%；从23考研到24考研，统考计划招生人数下降了889人，同比减少3.3%。与23考研相比，24考研中，其他普通高校增幅最大，为2.4%；985高校降幅最大，为21.6%。

表2-12 23考研—24考研法学专业型硕士研究生一级学科统考计划招生人数对比

一级学科名称（专业型硕士）	一级学科代码	23考研统考计划招生人数（人）	24考研统考计划招生人数（人）	增长率
法律	0351	20,713	19,767	-4.6%
社会工作	0352	5,376	5,219	-2.9%
警务	0353	894	1,000	11.9%
知识产权	0354	0	4	—
国际事务	0355	0	21	—
总计	—	26,983	26,011	-3.6%

注：
1）知识产权（0354）、国际事务（0355）为24考研法学专业型硕士研究生新增一级学科
2）24考研人数不含北京大学、中国人民大学、复旦大学社会政策专业，华东师范大学党务管理专业（0356S1）统考计划招生共计68人
3）为保证数据的统计维度一致，23考季已去除以院系所为单位招生的40人，24考季已去除以院系所为单位招生的55人

与23考研相比，24考研法学专业型硕士研究生统考计划招生人数增幅最大的一级学科是警务（一级学科代码：0353），其计划招生人数增加了106人，同比增长11.9%。降幅最大的一级学科是法律（一级学科代码：0351），统考计划招生人数下降了946人，同比减少4.6%。

考虑到近年来法学门类的专业型硕士研究生一直是报考的热门，今年统考计划招生

人数的微降，客观上会加剧上岸的竞争难度。后续计划报考法学专业型硕士研究生，特别是法律（非法学）等热门专业的考生，需要对上岸难度有正确的心理预期，并制订科学的备考计划。

计划报考法学专业型硕士研究生的考生，推荐关注以下统考计划招生人数同比增长的招生单位：

- 西南政法大学，法律（非法学）（专业代码：035101）
- 华东政法大学，法律（法学）（专业代码：035102）
- 大连海事大学，法律（法学）（专业代码：035102）
- 西北大学，法律（非法学）（专业代码：035101）
- 山东大学，法律（非法学）（专业代码：035101）
- 厦门大学，法律（非法学）（专业代码：035101）
- 江西财经大学，法律（法学）（专业代码：035102）
- 上海政法学院，法律（法学）（专业代码：035102）
- 北京大学，法律（法学）（专业代码：035102）
- 中国人民公安大学，警务（专业代码：035300）

（四）教育学门类硕士研究生统考计划招生数据

1 教育学门类硕士研究生统考计划招生数据

表 2-13　22 考研—24 考研教育学硕士研究生统考计划招生人数对比

学科门类	22 考研统考计划招生人数（人）	23 考研统考计划招生人数（人）	24 考研统考计划招生人数（人）
教育学	55,419	59,040	59,507

从 22 考研到 24 考研，教育学门类的统考计划招生人数呈现持续增长的趋势。从 22 考研到 23 考研，统考计划招生人数增加了 3,621 人，同比增长 6.5%；从 23 考研到 24 考研，统考计划招生人数进一步增长了 467 人，同比增长 0.8%。教育学门类的硕士研究生一直是近年来的报考热门。24 考研教育学硕士研究生统考计划招生人数基本保持不变，表明该学科相关专业的上岸难度会稳中有升，计划报考教育学硕士研究生的考生，需要有正确的心理预期。

图 2-26　22 考研—24 考研教育学学术型硕士研究生与专业型硕士研究生统考计划招生人数占比

与 22 考研相比，23 考研与 24 考研教育学学术型硕士研究生占比略微提升。整体来看，专业型硕士研究生的统考计划招生人数占据明显优势，这客观上与学科教育等偏向实践类的热门专业都集中在教育学的专业型硕士有关。

表 2-14　22 考研—24 考研教育学非全日制硕士研究生统考计划招生人数对比

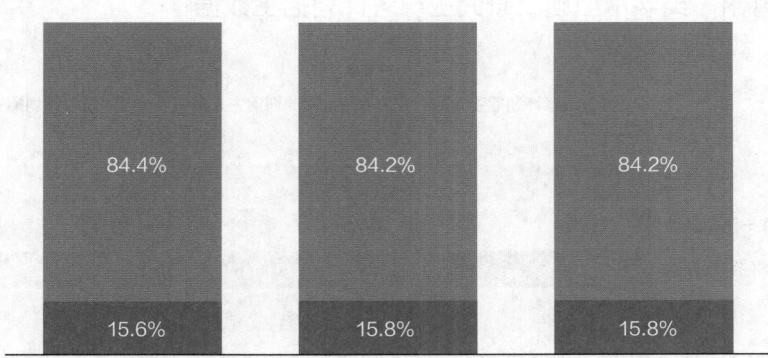

教育学	22 考研统考计划招生人数（人）	23 考研统考计划招生人数（人）	24 考研统考计划招生人数（人）
非全日制硕士	7,914	8,018	7,566

从 22 考研到 24 考研，教育学门类的非全日制硕士研究生统考计划招生人数呈现先增长后下降的趋势。从 22 考研到 23 考研，统考计划招生人数增加了 104 人，同比增长 1.3%；从 23 考研到 24 考研，统考计划招生人数减少了 452 人，同比减少 5.6%。

计划报考教育学非全日制硕士研究生的考生，推荐关注 24 考研统考计划招生人数较多的招生单位：

— 华中师范大学，应用心理（专业代码：045400）
— 北京师范大学，应用心理（专业代码：045400）
— 华南师范大学，教育管理（专业代码：045101）
— 湖北大学，教育管理（专业代码：045101）
— 北京大学，应用心理（专业代码：045400）

2 教育学门类学术型硕士研究生统考计划招生数据

单位：人

	22考研统考计划招生人数	23考研统考计划招生人数	24考研统考计划招生人数
985高校	628	732	622
211高校	1,718	1,890	1,868
其他"双一流"高校	423	337	438
其他普通高校	5,850	6,203	6,417
科研院所	17	165	33

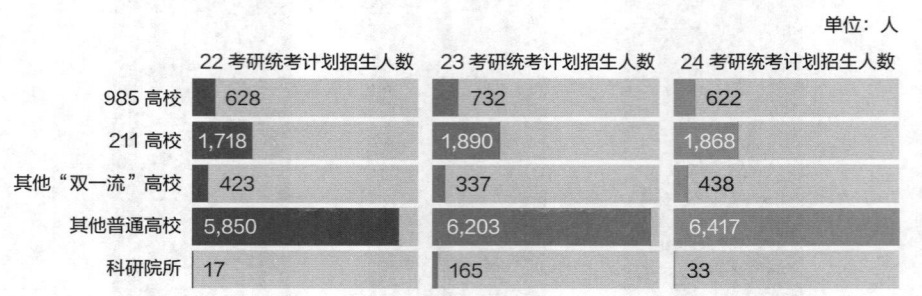

图 2-27　22考研—24考研教育学学术型硕士研究生分招生单位类型的统考计划招生人数

从 22 考研到 24 考研，教育学门类学术型硕士研究生统考计划招生人数呈现持续上升的趋势，但统考计划招生人数增长的绝对值变化不大，特别是 24 考研，招生规模基本保持不变。从 22 考研到 23 考研，统考计划招生人数增加了 691 人，同比增长 8%；从 23 考研到 24 考研，统考计划招生人数增加了 51 人，同比增长 0.5%。

表 2-15　23考研—24考研教育学学术型硕士研究生一级学科统考计划招生人数对比

一级学科名称（学术型硕士）	一级学科代码	23考研统考计划招生人数（人）	24考研统考计划招生人数（人）	增长率
教育学	0401	4,380	4,257	-2.8%
心理学	0402	1,674	1,613	-3.6%
体育学	0403	3,188	3,424	7.4%
教育经济与管理	0471	85	84	-1.2%
总计	—	9,327	9,378	0.5%

与 23 考研相比，24 考研教育学门类学术型硕士研究生统考计划招生人数增幅最大的一级学科是体育学（一级学科代码：0403），其计划招生人数增加了 236 人，同比增长 7.4%。降幅最大的一级学科是心理学（一级学科代码：0402），统考计划招生人数下降了 61 人，同比减少 3.6%。

考虑到相关一级学科的招生基数，可以将心理学和教育学的微降看作自然波动；而体育学招生人数的明显增长，一定程度上与该一级学科下相关专业的硕士毕业生近年来在就业市场上相对抢手有关。

计划报考教育学学术型硕士研究生的考生，推荐关注以下统考计划招生人数同比增长的招生单位：

- 曲阜师范大学，教育学（专业代码：040100）
- 广州体育学院，体育教育训练学（专业代码：040303）
- 河南大学，体育学（专业代码：040300）

- 北京师范大学，心理学（专业代码：040200）
- 广州体育学院，体育人文社会学（专业代码：040301）
- 长春师范大学，教育学（专业代码：040100）
- 上海师范大学，课程与教学论（专业代码：040102）
- 西北师范大学，课程与教学论（专业代码：040102）
- 广州体育学院，运动人体科学（专业代码：040302）
- 杭州师范大学，心理学（专业代码：040200）

3 教育学门类专业型硕士研究生统考计划招生数据

单位：人

招生单位类型	22考研统考计划招生人数	23考研统考计划招生人数	24考研统考计划招生人数
985高校	2,634	3,470	3,405
211高校	6,895	6,804	6,786
其他"双一流"高校	1,744	1,649	1,681
其他普通高校	35,443	37,177	38,168
科研院所	67	613	89

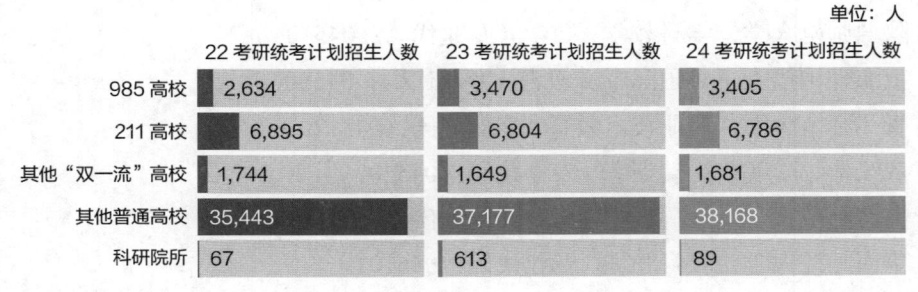

图 2-28　22考研—24考研教育学专业型硕士研究生分招生单位类型的统考计划招生人数

从22考研到24考研，教育学门类专业型硕士研究生统考计划招生人数呈现持续增长的趋势。从22考研到23考研，统考计划招生人数增加了2,930人，同比增长6.3%；从23考研到24考研，统考计划招生人数增加了416人，同比增长0.8%。

近年来，教育学的热门报考专业大多属于专业型硕士。在报名热度居高不下的大背景下，24考研统考计划招生人数基本持平，客观上会加剧上岸的竞争激烈程度。未来2～3个考季计划报考教育学热门专业的考生需要提早启动备考，并合理选择报考的院校专业。

表 2-16　23考研—24考研教育学专业型硕士研究生一级学科统考计划招生人数对比

一级学科名称（专业型硕士）	一级学科代码	23考研统考计划招生人数（人）	24考研统考计划招生人数（人）	增长率
教育	0451	33,137	33,674	1.6%
体育	0452	7,552	7,413	-1.8%
国际中文教育	0453	4,965	4,620	-6.9%
应用心理	0454	3,578	3,720	4.0%
总计	—	49,232	49,427	0.4%

注：
1）原一级学科"汉语国际教育"在24考研更名为"国际中文教育"
2）24考研统考计划招生人数不含华东师范大学高校管理专业（0455S1）招生19人
3）为保证数据的统计维度一致，23考季已去除以院系所为单位招生的481人，24考季已去除以院系所为单位招生的683人与 23 考研相比，24 考研教育学专业型硕士研究生统考计划招生人数增幅最大的一级学科是应用心理（一级学科代码：0454），其计划招生人数增加了 142 人，同比增长 4%。降幅最大的一级学科是国际中文教育（一级学科代码：0453），统考计划招生人数下降了 345 人，同比减少 6.9%。

计划报考教育学专业型硕士研究生的考生，推荐关注以下统考计划招生人数同比增长的招生单位：
- 河南大学，体育教学（专业代码：045201）
- 上海师范大学，学前教育（专业代码：045118）
- 上海师范大学，小学教育（专业代码：045115）
- 陕西师范大学，学科教学（数学）（专业代码：045104）
- 上海外国语大学，国际中文教育（专业代码：045300）
- 贵州师范大学，职业技术教育（专业代码：045120）
- 武汉体育学院，运动训练（专业代码：045202）
- 上海师范大学，学科教学（思政）（专业代码：045102）
- 华南师范大学，教育管理（专业代码：045101）
- 辽宁师范大学，学科教学（语文）（专业代码：045103）

（五）文学门类硕士研究生统考计划招生数据

1 文学门类硕士研究生统考计划招生数据

表 2-17　22 考研—24 考研文学硕士研究生统考计划招生人数对比

学科门类	22 考研统考计划招生人数（人）	23 考研统考计划招生人数（人）	24 考研统考计划招生人数（人）
文学	28,324	35,274	34,977

从 22 考研到 24 考研，文学门类的统考计划招生人数呈现先增长后下降的趋势。从 22 考研到 23 考研，统考计划招生人数增加了 6,950 人，同比增长 24.5%；从 23 考研到 24 考研，统考计划招生人数下降了 297 人，同比减少 0.8%。由于 24 考研的统考计划招生人数下降绝对值很小，因此整体招生规模依然保持稳定。

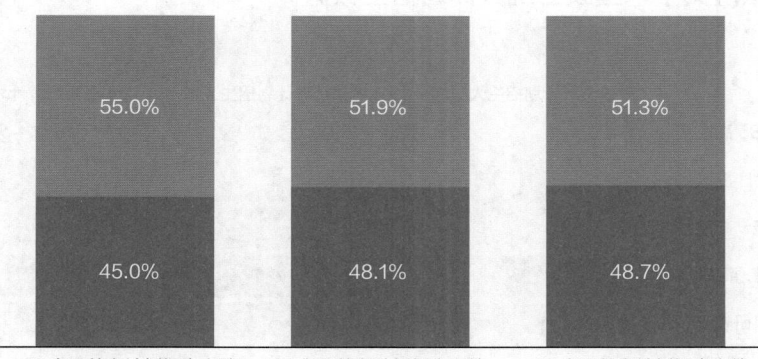

■ 学术型硕士　■ 专业型硕士

图 2-29　22 考研—24 考研文学学术型硕士研究生与专业型硕士研究生统考计划招生人数占比

22 考研统考计划招生人数：学术型 55.0%，专业型 45.0%
23 考研统考计划招生人数：学术型 51.9%，专业型 48.1%
24 考研统考计划招生人数：学术型 51.3%，专业型 48.7%

从 22 考研到 24 考研，文学学术型硕士研究生的占比逐年递增，但整体增幅不大。专业型硕士研究生与学术型硕士研究生相对保持较为平均的比例。

表 2-18　22 考研—24 考研文学非全日制硕士研究生统考计划招生人数对比

文学	22 考研统考计划招生人数（人）	23 考研统考计划招生人数（人）	24 考研统考计划招生人数（人）
非全日制硕士	1,304	1,450	1,334

从 22 考研到 24 考研，文学门类的非全日制硕士研究生统考计划招生人数呈现先增长后下降的趋势。从 22 考研到 23 考研，统考计划招生人数增加了 146 人，同比增长 11.2%；从 23 考研到 24 考研，统考计划招生人数减少了 116 人，同比减少 8%。

计划报考文学非全日制硕士研究生的考生，推荐关注 24 考研统考计划招生人数较多的招生单位：

− 上海大学，英语笔译（专业代码：055101）
− 河北大学，新闻与传播（专业代码：055200）
− 南京航空航天大学，新闻与传播（专业代码：055200）
− 上海大学，新闻与传播（专业代码：055200）
− 苏州大学，新闻与传播（专业代码：055200）

2 文学门类学术型硕士统考计划招生数据

单位：人

招生单位类型	22考研统考计划招生人数	23考研统考计划招生人数	24考研统考计划招生人数
985高校	1,420	1,627	1,618
211高校	2,989	3,736	3,844
其他"双一流"高校	538	592	542
其他普通高校	7,718	10,844	10,886
科研院所	75	158	130

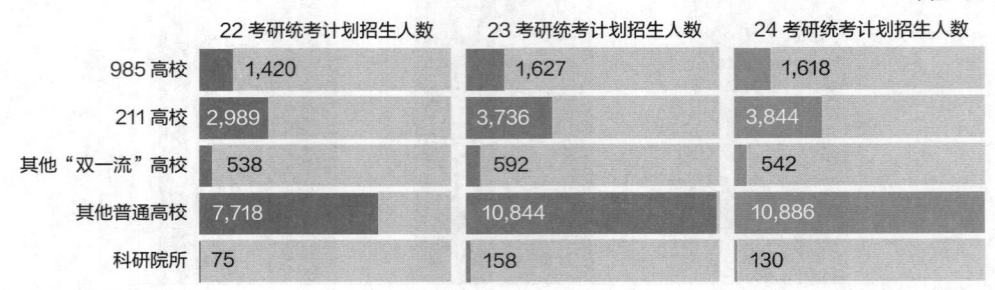

图 2-30　22考研—24考研文学学术型硕士研究生分招生单位类型的统考计划招生人数

从22考研到24考研，文学门类学术型硕士研究生统考计划招生人数呈现持续增长的趋势。从22考研到23考研，统考计划招生人数增加了4,217人，同比增长33.1%；从23考研到24考研，统考计划招生人数增加了63人，同比增长0.4%。招生人数的主要增幅来自23考研，24考研的统考计划招生人数规模整体基本保持不变。

表 2-19　23考研—24考研文学学术型硕士研究生一级学科统考计划招生人数对比

一级学科名称（学术型硕士）	一级学科代码	23考研统考计划招生人数（人）	24考研统考计划招生人数（人）	增长率
中国语言文学	0501	7,241	7,047	-2.7%
外国语言文学	0502	7,876	8,084	2.6%
新闻传播学	0503	1,827	1,889	3.4%
总计	—	16,944	17,020	0.4%

注：为保证数据的统计维度一致，23考季已去除以院系所为单位招生的13人

与23考研相比，24考研文学学术型硕士研究生统考计划招生人数增幅最大的一级学科是新闻传播学（一级学科代码：0503），其计划招生数量增加了62人，同比增长3.4%；降幅最大的一级学科是中国语言文学（一级学科代码：0501），统考计划招生人数下降了194人，同比减少2.7%。结合文学学术型硕士研究生的招生基数来看，上述增长与下降均为正常波动，整体招生规模保持稳定。

计划报考文学学术型硕士研究生的考生，推荐关注以下统考计划招生人数同比增长的招生单位：

— 天津外国语大学，英语语言文学（专业代码：050201）
— 新疆大学，中国语言文学（专业代码：050100）
— 四川师范大学，中国语言文学（专业代码：050100）
— 上海师范大学，语言学及应用语言学（专业代码：050102）

- 北京外国语大学，英语语言文学（专业代码：050201）
- 天津外国语大学，日语语言文学（专业代码：050205）
- 伊犁师范大学，语言学及应用语言学（专业代码：050102）
- 国防科技大学，外国语言文学（专业代码：050200）
- 华中师范大学，中国语言文学（专业代码：050100）
- 内蒙古师范大学，中国语言文学（专业代码：050100）

3 文学门类专业型硕士研究生统考计划招生数据

单位：人

	22考研统考计划招生人数	23考研统考计划招生人数	24考研统考计划招生人数
985高校	1,840	1,915	1,871
211高校	3,978	4,362	4,035
其他"双一流"高校	704	769	777
其他普通高校	8,942	11,079	11,195
科研院所	120	192	79

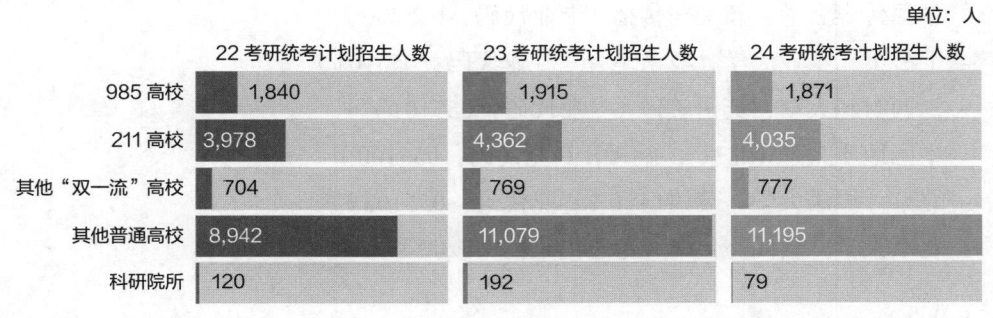

图 2-31　22考研—24考研文学专业型硕士研究生分招生单位类型的统考计划招生人数

从22考研到24考研，文学门类专业型硕士研究生统考计划招生人数呈现先上升后下降的趋势。从22考研到23考研，统考计划招生数量增加了2,733人，同比增长17.5%；从23考研到24考研，统考计划招生人数下降了360人，同比减少2%。23考研的招生人数同比增长绝对值提升比较明显，24考研虽然出现了微降，但整体招生规模保持稳定。

表 2-20　23考研—24考研文学专业型硕士研究生一级学科统考计划招生人数对比

一级学科名称（专业型硕士）	一级学科代码	23考研统考计划招生人数（人）	24考研统考计划招生人数（人）	增长率
翻译	0551	10,985	10,733	−2.3%
新闻与传播	0552	6,776	6,697	−1.2%
出版	0553	511	494	−3.3%
总计	—	18,272	17,924	−1.9%

注：
1）24考研统考计划招生人数不含华东师范大学创意写作专业（0554S1）招生18人
2）为保证数据的统计维度一致，23考季已去除以院系所为单位招生的45人，24考季已去除以院系所为单位招生的15人

与23考研相比，24考研文学专业型硕士研究生统考计划所有一级学科的招生人数

均呈现略微下降的趋势。降幅最大的一级学科是出版（一级学科代码：0553），其计划招生人数下降了17人，同比减少3.3%，计划招生人数的规模基本保持稳定。

计划报考文学专业型硕士研究生的考生，推荐关注以下统考计划招生人数同比增长的招生单位：

- 河南科技大学，翻译（专业代码：055100）
- 西南大学，新闻与传播（专业代码：055200）
- 上海外国语大学，英语笔译（专业代码：055101）
- 黑龙江大学，俄语口译（专业代码：055104）
- 中国传媒大学，新闻与传播（专业代码：055200）
- 上海第二工业大学，英语笔译（专业代码：055101）
- 江西财经大学，英语笔译（专业代码：055101）
- 中国地质大学（北京），翻译（专业代码：055100）
- 北京外国语大学，英语口译（专业代码：055102）
- 北京大学，新闻与传播（专业代码：055200）

（六）历史学门类硕士研究生统考计划招生数据

1 历史学门类硕士研究生统考计划招生数据

表2-21　22考研—24考研历史学硕士研究生统考计划招生人数对比

学科门类	22考研统考计划招生人数（人）	23考研统考计划招生人数（人）	24考研统考计划招生人数（人）
历史学	4,302	5,343	4,571

从22考研到24考研，历史学门类的统考计划招生人数呈现先增长后下降的趋势。从22考研到23考研，统考计划招生人数增加了1,041人，同比增长24.2%；从23考研到24考研，统考计划招生人数下降了772人，同比减少14.4%。在所有学科门类中，历史学的统考计划招生人数变化幅度较为剧烈，目前尚无法推测未来2～3个考季的趋势，建议计划报考相关专业的考生，提前做好信息收集和报考目标的选择。

图 2-32　22 考研—24 考研历史学学术型硕士研究生与专业型硕士研究生统考计划招生人数占比

历史学学术型硕士研究生的统考计划招生人数占比在 24 考研显著增加，专业型硕士研究生的统考计划招生人数占比从 23 考研的 24.9% 降至 24 考研的 13.1%。

表 2-22　22 考研—24 考研历史学非全日制硕士研究生统考计划招生人数对比

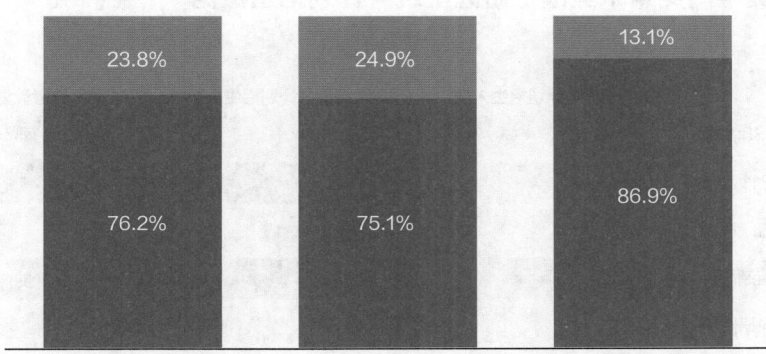

历史学	22 考研统考计划招生人数（人）	23 考研统考计划招生人数（人）	24 考研统考计划招生人数（人）
非全日制硕士	102	125	41

从 22 考研到 24 考研，历史学门类的非全日制硕士研究生统考计划招生人数呈现先增长后下降的趋势。从 22 考研到 23 考研，统考计划招生人数增加了 23 人，同比增长 22.5%；从 23 考研到 24 考研，统考计划招生人数减少了 84 人，同比减少 67.2%。

计划报考历史学非全日制硕士研究生的考生，推荐关注 24 考研统考计划招生人数较多的招生单位：

－ 上海大学，博物馆（专业代码：065100）

－ 四川大学，博物馆（专业代码：065100）

－ 渤海大学，博物馆（专业代码：065100）

－ 海南热带海洋学院，博物馆（专业代码：065100）

－ 西华师范大学，博物馆（专业代码：065100）

2 历史学门类学术型硕士研究生统考计划招生数据

单位：人

招生单位类型	22考研统考计划招生人数	23考研统考计划招生人数	24考研统考计划招生人数
985高校	420	511	430
211高校	900	1,394	1,432
其他"双一流"高校	241	248	262
其他普通高校	1,664	1,795	1,794
科研院所	54	67	53

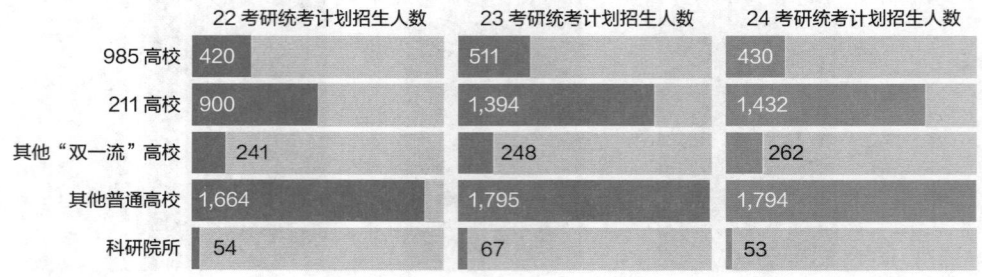

图2-33　22考研—24考研历史学学术型硕士研究生分招生单位类型的统考计划招生人数

从22考研到24考研，历史学门类学术型硕士研究生统考计划招生人数呈现先上升后下降的趋势。从22考研到23考研，统考计划招生人数增加了736人，同比增长22.4%；从23考研到24考研，统考计划招生人数下降了44人，同比减少1.1%，整体招生规模与23考研基本保持一致。

表2-23　23考研—24考研历史学学术型硕士研究生一级学科统考计划招生人数对比

一级学科名称（学术型硕士）	一级学科代码	23考研统考计划招生人数（人）	24考研统考计划招生人数（人）	增长率
考古学	0601	333	367	10.2%
中国史	0602	2,773	2,706	-2.4%
世界史	0603	899	888	-1.2%
总计	—	4,005	3,961	-1.1%

注：为保证数据的统计维度一致，23考研已去除以院系所为单位招生的10人，24考研已去除以院系所为单位招生的10人

与23考研相比，24考研历史学学术型硕士研究生统考计划招生人数增幅最大的一级学科是考古学（一级学科代码：0601），其计划招生人数增加了34人，同比增长10.2%。降幅最大的一级学科是中国史（一级学科代码：0602），统考计划招生人数下降了67人，同比减少2.4%。

计划报考历史学学术型硕士研究生的考生，推荐关注以下统考计划招生人数同比增长的招生单位：

－ 赣南师范大学，中国史（专业代码：060200）
－ 华东师范大学，中国史（专业代码：060200）
－ 上海社会科学院，世界史（专业代码：060300）
－ 南京大学，中国史（专业代码：060200）

- 北京语言大学，中国史（专业代码：060200）
- 太原师范学院，中国史（专业代码：060200）
- 西南大学，中国史（专业代码：060200）
- 南开大学，考古学（专业代码：060100）
- 广州大学，中国史（专业代码：060200）

③ 历史学门类专业型硕士研究生统考计划招生数据

单位：人

招生单位类型	22考研统考计划招生人数	23考研统考计划招生人数	24考研统考计划招生人数
985高校	246	251	135
211高校	290	373	120
其他"双一流"高校	103	138	51
其他普通高校	374	548	287
科研院所	10	18	7

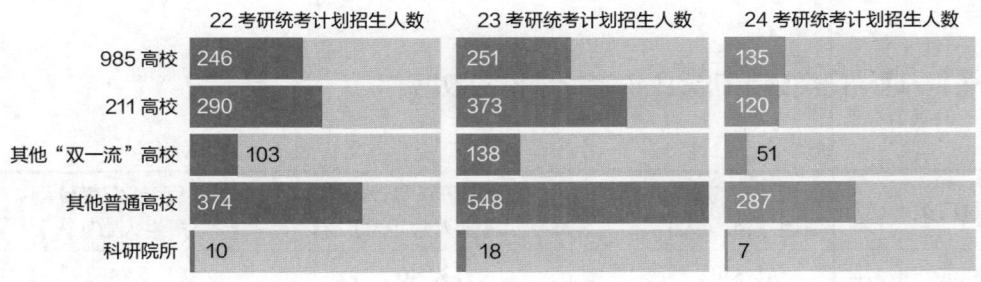

图2-34　22考研—24考研历史学专业型硕士研究生分招生单位类型的统考计划招生人数

从22考研到24考研，历史学门类专业型硕士研究生统考计划招生人数呈现先上升后下降的趋势。从22考研到23考研，统考计划招生人数增加了305人，同比增长29.8%；从23考研到24考研，统考计划招生人数下降了728人，同比减少54.8%。

表2-24　23考研—24考研历史学专业型硕士研究生一级学科统考计划招生人数对比

一级学科名称（专业型硕士）	一级学科代码	23考研统考计划招生人数（人）	24考研统考计划招生人数（人）	增长率
博物馆	0651	1,328	600	-54.8%
总计	—	1,328	600	-54.8%

注：原一级学科"文物与博物馆"在24考研中更名为"博物馆"

与23考研相比，24考研历史学专业型硕士研究生统考计划招生人数呈下降趋势，其唯一的一级学科博物馆（一级学科代码：0651）计划招生人数下降了728人，同比减少54.8%。

计划报考历史学专业型硕士研究生的考生，推荐关注以下统考计划招生人数同比增长的招生单位：

- 中央民族大学，博物馆（专业代码：065100）
- 北京科技大学，博物馆（专业代码：065100）
- 渤海大学，博物馆（专业代码：065100）

- 东北师范大学，博物馆（专业代码：065100）
- 宁波大学，博物馆（专业代码：065100）
- 武汉大学，博物馆（专业代码：065100）
- 河南师范大学，博物馆（专业代码：065100）
- 四川大学，博物馆（专业代码：065100）
- 华南师范大学，博物馆（专业代码：065100）

（七）理学门类硕士研究生统考计划招生数据

1 理学门类硕士研究生统考计划招生数据

表 2-25　22 考研—24 考研理学硕士研究生统考计划招生人数对比

学科门类	22 考研统考计划招生人数（人）	23 考研统考计划招生人数（人）	24 考研统考计划招生人数（人）
理学	48,330	53,046	53,462

从 22 考研到 24 考研，理学门类的统考计划招生人数呈现持续增长的趋势。从 22 考研到 23 考研，统考计划招生人数增加了 4,716 人，同比增长 9.8%；从 23 考研到 24 考研，统考计划招生人数进一步增长了 416 人，同比增长 0.8%。24 考研的统考计划招生人数保持稳定。

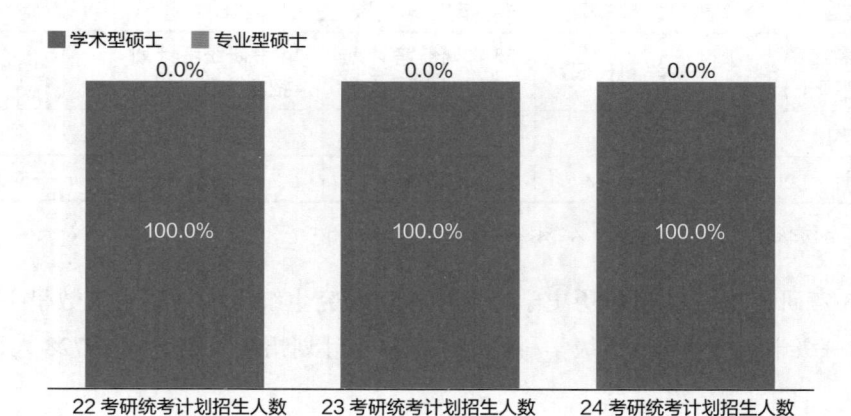

图 2-35　22 考研—24 考研理学学术型硕士研究生与专业型硕士研究生统考计划招生人数占比

注：24 考研新增理学专业型硕士招生人数较少，故在占比计算中仍为 0%

理学 22 考研与 23 考研均未招收专业型硕士，24 考研新增专业型硕士后，招生单位相对较少，统考计划整体招生人数共计 7 人，占比仅为 0.013%。

表 2-26　22 考研—24 考研理学非全日制硕士研究生统考计划招生人数对比

理学	22 考研统考计划招生人数（人）	23 考研统考计划招生人数（人）	24 考研统考计划招生人数（人）
非全日制硕士	57	64	51

从 22 考研到 24 考研，理学门类的非全日制硕士研究生统考计划招生人数呈现先增长后下降的趋势。从 22 考研到 23 考研，统考计划招生人数增加了 7 人，同比增长 12.3%；从 23 考研到 24 考研，统考计划招生人数减少了 13 人，同比减少 20.3%。由于整体招生规模相对较小，所以招生人数绝对值的变化并不大。

计划报考理学非全日制硕士研究生的考生，推荐关注 24 考研统考计划招生人数较多的招生单位：

- 西安石油大学，地质学（专业代码：070900）
- 东北电力大学，数学（专业代码：070100）
- 吉林农业大学，计算机科学与技术（专业代码：077500）
- 长江大学，地质学（专业代码：070900）

2　理学门类学术型硕士研究生统考计划招生数据

单位：人

	22 考研统考计划招生人数	23 考研统考计划招生人数	24 考研统考计划招生人数
985 高校	6,678	7,314	6,950
211 高校	11,339	12,274	12,091
其他"双一流"高校	4,921	5,342	5,153
其他普通高校	24,758	26,952	28,149
科研院所	634	1,164	1,112

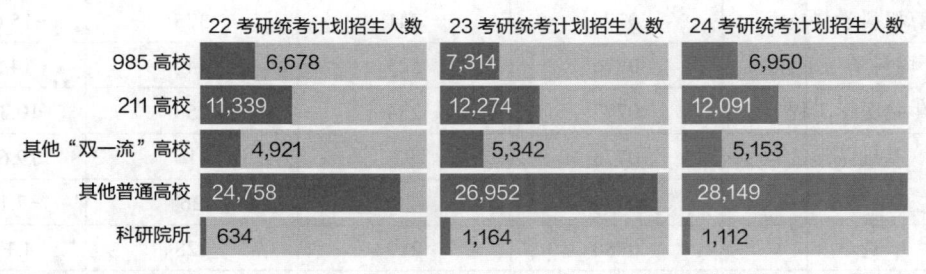

图 2-36　22 考研—24 考研理学学术型硕士研究生分招生单位类型的统考计划招生人数

从 22 考研到 24 考研，理学门类学术型硕士研究生统考计划招生人数呈现持续增长的趋势。从 22 考研到 23 考研，统考计划招生人数增加了 4,716 人，同比增长 9.8%；从 23 考研到 24 考研，统考计划招生人数增加了 409 人，同比增长 0.8%。

表 2-27　23 考研—24 考研理学学术型硕士研究生一级学科统考计划招生人数对比

一级学科名称（学术型硕士）	一级学科代码	23 考研统考计划招生人数（人）	24 考研统考计划招生人数（人）	增长率
数学	0701	7,666	7,664	0%
物理学	0702	6,866	6,904	0.6%
化学	0703	12,131	12,408	2.3%

续表

一级学科名称（学术型硕士）	一级学科代码	23考研统考计划招生人数（人）	24考研统考计划招生人数（人）	增长率
天文学	0704	244	261	7.0%
地理学	0705	3,457	3,615	4.6%
大气科学	0706	661	549	-16.9%
海洋科学	0707	1,459	1,331	-8.8%
地球物理学	0708	306	311	1.6%
地质学	0709	1,410	1,441	2.2%
生物学	0710	11,806	12,029	1.9%
系统科学	0711	394	388	-1.5%
科学技术史	0712	187	193	3.2%
生态学	0713	2,534	2,552	0.7%
统计学	0714	1,317	1,315	-0.2%
心理学	0771	113	96	-15%
力学	0772	15	25	66.7%
材料科学与工程	0773	228	228	0%
电子科学与技术	0774	169	145	-14.2%
计算机科学与技术	0775	441	375	-15.0%
环境科学与工程	0776	525	449	-14.5%
生物医学工程	0777	234	258	10.3%
基础医学	0778	97	116	19.6%
公共卫生与预防医学	0779	28	26	-7.1%
药学	0780	219	228	4.1%
中药学	0781	12	17	41.7%
教育技术学	0784	485	419	-13.6%
农药学	0786	30	34	13.3%
总计	—	53,034	53,377	0.6%

注：
1）24考研统考计划招生人数不含中国科学技术大学量子科学与技术专业（079901）招生1人。
2）为保证数据的统计维度一致，23考季已去除以院系所为单位招生的12人，24考季已去除以院系所为单位招生的77人。

与23考研相比，24考研理学学术型硕士研究生统考计划招生人数整体保持稳定。由于理学学术型硕士涉及较多一级学科，且各一级学科的招生基数差异较大，因此除了关注统考计划招生人数的变化率外，还需关注人数的绝对值。24考研统考计划招生人数增幅最大的一级学科是力学（一级学科代码：0772），其计划招生人数增加了 10 人，同比增长 66.7%。降幅最大的一级学科是大气科学（一级学科代码：0706），统考计划招生人数下降了 112 人，同比减少 16.9%。

计划报考理学学术型硕士研究生的考生，推荐关注以下统考计划招生人数同比增长的招生单位：

- 首都师范大学，统计学（专业代码：071400）
- 青岛科技大学，数学（专业代码：070100）
- 郑州大学，粒子物理与原子核物理（专业代码：070202）
- 广西大学，生物学（专业代码：071000）
- 扬州大学，教育技术学（专业代码：078401）
- 新疆大学，数学（专业代码：070100）
- 华南师范大学，教育技术学（专业代码：078401）
- 新疆大学，生态学（专业代码：071300）
- 江西师范大学，数学（专业代码：070100）
- 广西师范大学，数学（专业代码：070100）

3 理学门类专业型硕士研究生统考计划招生数据

单位：人

	22 考研统考计划招生人数	23 考研统考计划招生人数	24 考研统考计划招生人数
985 高校	0	0	7
211 高校	0	0	0
其他"双一流"高校	0	0	0
其他普通高校	0	0	0
科研院所	0	0	0

图 2-37　22 考研—24 考研理学专业型硕士研究生分招生单位类型的统考计划招生人数

24 考研为理学专业型硕士研究生首次招生，统考计划招生人数为 7 人，且均集中在 985 高校。

表 2-28　23 考研—24 考研理学专业型硕士研究生一级学科统考计划招生人数对比

一级学科名称 （专业型硕士）	一级学科代码	23 考研统考计划招生人数（人）	24 考研统考计划招生人数（人）	增长率
气象	0751	0	7	—
总计	—	0	7	—

注：气象（0751）为 24 考研理学专业型硕士新增一级学科

24考研理学专业型硕士研究生统考，其一级学科气象（一级学科代码：0751）统考计划招生人数为7人。

计划报考理学专业型硕士研究生的考生，推荐关注以下统考计划招生人数同比增长的招生单位：

- 复旦大学，气象（专业代码：075100）

（八）工学门类硕士研究生统考计划招生数据

1 工学门类硕士研究生统考计划招生数据

表 2-29　22 考研—24 考研工学硕士研究生统考计划招生人数对比

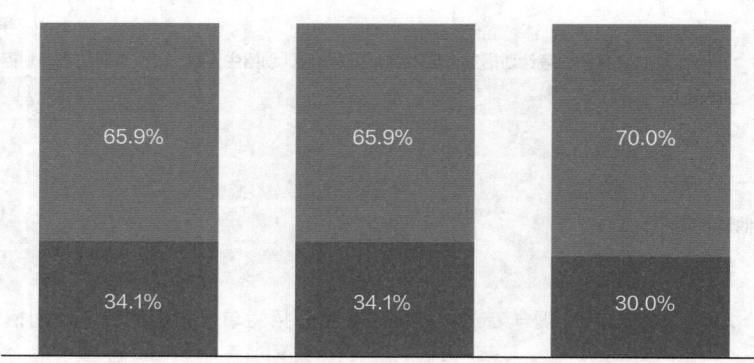

学科门类	22考研统考计划招生人数（人）	23考研统考计划招生人数（人）	24考研统考计划招生人数（人）
工学	237,849	291,560	306,829

从22考研到24考研，工学门类的统考计划招生人数呈现持续增长的趋势。从22考研到23考研，统考计划招生人数增加了53,711人，同比增长22.6%；从23考研到24考研，统考计划招生人数进一步增长了15,269人，同比增长5.2%。

图 2-38　22 考研—24 考研工学学术型硕士研究生与专业型硕士研究生统考计划招生人数占比

从22考研到24考研，学术型硕士研究生由34.1%的占比减至30%，学术型硕士研究生的占比减少，反映出工学领域对专业型硕士的需求在逐年增长，这在一定程度上与用人单位对工科专业毕业生的需求正在更多地转向专业实践和应用技能方向有关。

表 2-30　22 考研—24 考研工学非全日制硕士研究生统考计划招生人数对比

工学	22考研统考计划招生人数（人）	23考研统考计划招生人数（人）	24考研统考计划招生人数（人）
非全日制硕士	10,116	10,369	9,007

从 22 考研到 24 考研，工学门类的非全日制硕士研究生统考计划招生人数呈现先增长后下降的趋势。从 22 考研到 23 考研，统考计划招生人数增加了 253 人，同比增长 2.5%；从 23 考研到 24 考研，统考计划招生人数下降了 1,362 人，同比减少 13.2%，非全日制硕士研究生的招生人数下降明显。

计划报考工学非全日制硕士研究生的考生，推荐关注 24 考研统考计划招生人数较多的招生单位：
- 中国科学院大学，人工智能（专业代码：085410）
- 华东师范大学，软件工程（专业代码：085405）
- 北京航空航天大学，软件工程（专业代码：085405）
- 国防科技大学，电子信息（专业代码：085400）

2 工学门类学术型硕士研究生统考计划招生数据

单位：人

招生单位类型	22 考研统考计划招生人数	23 考研统考计划招生人数	24 考研统考计划招生人数
985 高校	11,455	12,566	11,653
211 高校	21,191	23,471	23,213
其他"双一流"高校	4,149	5,351	5,203
其他普通高校	40,763	44,894	47,035
科研院所	3,456	4,740	4,794

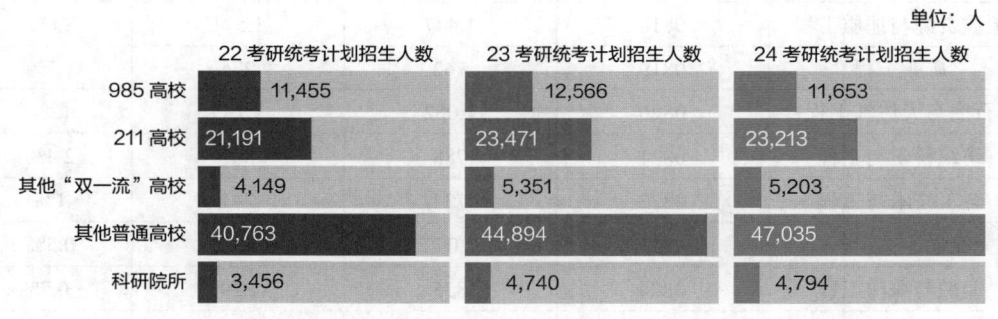

图 2-39　22 考研—24 考研工学学术型硕士分招生单位类型的统考计划招生人数

从 22 考研到 24 考研，工学门类学术型硕士研究生统考计划招生人数呈现持续增长的趋势。从 22 考研到 23 考研，统考计划招生人数增加了 10,008 人，同比增长 12.4%；从 23 考研到 24 考研，统考计划招生人数增加了 876 人，同比增长 1%。

表 2-31　23 考研—24 考研工学学术型硕士研究生一级学科统考计划招生人数对比

一级学科名称（学术型硕士）	一级学科代码	23 考研统考计划招生人数（人）	24 考研统考计划招生人数（人）	增长率
力学	0801	1,802	1,796	-0.3%
机械工程	0802	7,689	7,867	2.3%
光学工程	0803	2,024	2,001	-1.1%
仪器科学与技术	0804	1,342	1,301	-3.1%
材料科学与工程	0805	9,934	9,996	0.6%
冶金工程	0806	486	537	10.5%
动力工程及工程热物理	0807	2,443	2,411	-1.3%

续表

一级学科名称（学术型硕士）	一级学科代码	23考研统考计划招生人数（人）	24考研统考计划招生人数（人）	增长率
电气工程	0808	3,053	3,076	0.8%
电子科学与技术	0809	3,071	3,017	−1.8%
信息与通信工程	0810	5,294	5,286	−0.2%
控制科学与工程	0811	5,547	5,565	0.3%
计算机科学与技术	0812	7,269	7,381	1.5%
建筑学	0813	1,281	1,306	2.0%
土木工程	0814	5,532	5,335	−3.6%
水利工程	0815	1,311	1,390	6.0%
测绘科学与技术	0816	939	889	−5.3%
化学工程与技术	0817	5,181	5,321	2.7%
地质资源与地质工程	0818	1,447	1,571	8.6%
矿业工程	0819	762	775	1.7%
石油与天然气工程	0820	1,062	1,189	12%
纺织科学与工程	0821	788	807	2.4%
轻工技术与工程	0822	734	741	1%
交通运输工程	0823	2,072	2,083	0.5%
船舶与海洋工程	0824	835	829	−0.7%
航空宇航科学与技术	0825	1,170	1,257	7.4%
兵器科学与技术	0826	462	468	1.3%
核科学与技术	0827	783	802	2.4%
农业工程	0828	1,168	1,221	4.5%
林业工程	0829	422	463	9.7%
环境科学与工程	0830	3,784	3,948	4.3%
生物医学工程	0831	1,058	1,029	−2.7%
食品科学与工程	0832	2,774	2,952	6.4%
城乡规划学	0833	849	1,011	19.1%
软件工程	0835	2,149	2,140	−0.4%
生物工程	0836	482	500	3.7%
安全科学与工程	0837	908	1,001	10.2%
公安技术	0838	174	215	23.6%
网络空间安全	0839	1,304	1,306	0.2%
科学技术史	0870	11	0	−100%

续表

一级学科名称（学术型硕士）	一级学科代码	23考研统考计划招生人数（人）	24考研统考计划招生人数（人）	增长率
管理科学与工程	0871	736	673	-8.6%
设计学	0872	58	53	-8.6%
集成电路科学与工程	0873	0	13	—
国家安全学	0874	0	0	—
遥感科学与技术	0875	0	11	—
智能科学与技术	0876	0	2	—
纳米科学与工程	0877	0	0	—
总计	—	90,190	91,535	1.5%

注：
1）24考研统考计划招生人数不含0899共9所院校自设专业招生107人
2）24考研取消一级学科风景园林学（0834）
3）为保证数据的统计维度一致，23考季已去除以院系所为单位招生的257人，24考季已去除以院系所为单位招生的256人

与23考研相比，24考研工学门类学术型硕士研究生统考计划招生人数增幅最大的一级学科是公安技术（一级学科代码：0838），其计划招生人数增加了41人，同比增长23.6%。降幅最大的一级学科是科学技术史（一级学科代码：0870），统考计划招生人数下降至0人。由于工学学术型硕士涉及较多一级学科，且各一级学科的招生基数差异较大，因此除了关注统考计划招生人数的变化率外，还需关注人数的绝对值。

计划报考工学学术型硕士研究生的考生，推荐关注以下统考计划招生人数同比增长的招生单位：

— 西南石油大学，石油与天然气工程（专业代码：082000）
— 北京邮电大学，信息与通信工程（专业代码：081000）
— 长江大学，油气井工程（专业代码：082001）
— 北京邮电大学，计算机科学与技术（专业代码：081200）
— 长沙理工大学，土木工程（专业代码：081400）
— 武汉理工大学，船舶与海洋工程（专业代码：082400）
— 西安电子科技大学，信息与通信工程（专业代码：081000）
— 电子科技大学，计算机科学与技术（专业代码：081200）
— 长沙理工大学，交通运输工程（专业代码：082300）
— 北京工业大学，土木工程（专业代码：081400）

3 工学门类专业型硕士研究生统考计划招生数据

单位：人

招生单位类型	22考研统考计划招生人数	23考研统考计划招生人数	24考研统考计划招生人数
985高校	28,346	36,023	36,584
211高校	38,800	47,595	49,357
其他"双一流"高校	7,715	11,479	12,454
其他普通高校	79,957	102,496	114,188
科研院所	2,017	2,945	2,348

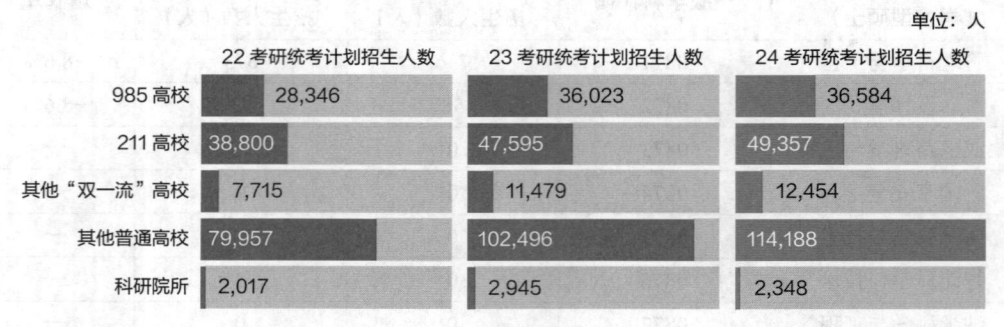

图 2-40　22考研—24考研工学专业型硕士分招生单位类型的统考计划招生人数

从22考研到24考研，工学门类专业型硕士研究生统考计划招生人数呈现持续增长的趋势。从22考研到23考研，统考计划招生人数增加了43,703人，同比增长27.9%；从23考研到24考研，统考计划招生人数增加了14,393人，同比增长7.2%。

表 2-32　23考研—24考研工学专业型硕士研究生一级学科统考计划招生人数对比

一级学科名称（专业型硕士）	一级学科代码	23考研统考计划招生人数（人）	24考研统考计划招生人数（人）	增长率
建筑	0851	1,734	1,658	-4.4%
城乡规划	0853	739	758	2.6%
电子信息	0854	69,456	72,672	4.6%
机械	0855	25,297	27,168	7.4%
材料与化工	0856	31,537	32,967	4.5%
资源与环境	0857	19,431	20,489	5.4%
能源动力	0858	15,093	15,673	3.8%
土木水利	0859	17,970	19,351	7.7%
生物与医药	0860	13,045	14,561	11.6%
交通运输	0861	5,610	6,019	7.3%
风景园林	0862	0	3,206	—
总计	—	199,912	214,522	7.3%

注：
1）24考研统考计划招生人数不含兰州大学国土空间规划专业（0863S1）招生19人。
2）为保证数据的统计维度一致，23考季已去除以院系所为单位招生的626人，24考季已去除以院系所为单位招生的390人。

与23考研相比，24考研工学专业型硕士研究生统考计划招生人数增幅最大的一级学科是生物与医药（一级学科代码：0860），其计划招生人数增加了1,516人，同比增长

11.6%。降幅最大的一级学科是建筑（一级学科代码：0851），统考计划招生人数下降了76人，同比减少4.4%。

计划报考工学专业型硕士研究生的考生，推荐关注以下统考计划招生人数同比增长的招生单位：

- 天津科技大学，生物与医药（专业代码：086000）
- 南京邮电大学，电子信息（专业代码：085400）
- 浙江工业大学，材料与化工（专业代码：085600）
- 三峡大学，电气工程（专业代码：085801）
- 西安交通大学，电气工程（专业代码：085801）
- 南京工业大学，材料与化工（专业代码：085600）
- 上海理工大学，电子信息（专业代码：085400）
- 大连理工大学，化学工程（专业代码：085602）
- 昆明理工大学，材料工程（专业代码：085601）
- 西安建筑科技大学，土木工程（专业代码：085901）

（九）农学门类硕士研究生统考计划招生数据

1 农学门类硕士研究生统考计划招生数据

表2-33 22考研—24考研农学硕士研究生统考计划招生人数对比

学科门类	22考研统考计划招生人数（人）	23考研统考计划招生人数（人）	24考研统考计划招生人数（人）
农学	41,555	46,851	47,655

从22考研到24考研，农学门类的统考计划招生人数呈现持续增长的趋势。从22考研到23考研，统考计划招生人数增加了5,296人，同比增长12.7%；从23考研到24考研，统考计划招生人数进一步增加了804人，同比增长1.7%。农学门类由于其国家线相对较低，跨专业考研的难度也不高，所以近年来日益成为以上岸为主要追求目标的考生的热门报考选择。

```
■ 学术型硕士  ■ 专业型硕士

         73.1%           72.8%           71.5%


         26.9%           27.2%           28.5%
   22考研统考计划招生人数  23考研统考计划招生人数  24考研统考计划招生人数
```

图 2-41　22考研—24考研农学学术型硕士与专业型硕士研究生统考计划招生人数占比

从22考研至24考研，农学学术型硕士研究生和专业型硕士研究生的占比基本保持稳定。

表 2-34　22考研—24考研农学非全日制硕士研究生统考计划招生人数对比

农学	22考研统考计划招生人数（人）	23考研统考计划招生人数（人）	24考研统考计划招生人数（人）
非全日制硕士	4,730	4,510	4,018

从22考研到24考研，农学门类的非全日制硕士研究生统考计划招生人数呈现下降的趋势。从22考研到23考研，统考计划招生人数下降了220人，同比减少4.7%；从23考研到24考研，统考计划招生人数下降了492人，同比减少10.9%。

计划报考农学非全日制硕士研究生的考生，推荐关注24考研统考计划招生人数较多的招生单位：

- 西北农林科技大学，农村发展（专业代码：095138）
- 上海海洋大学，农业管理（专业代码：095137）
- 大连工业大学，农业管理（专业代码：095137）
- 成都信息工程大学，资源利用与植物保护（专业代码：095132）
- 河南科技大学，农村发展（专业代码：095138）

2　农学门类学术型硕士研究生统考计划招生数据

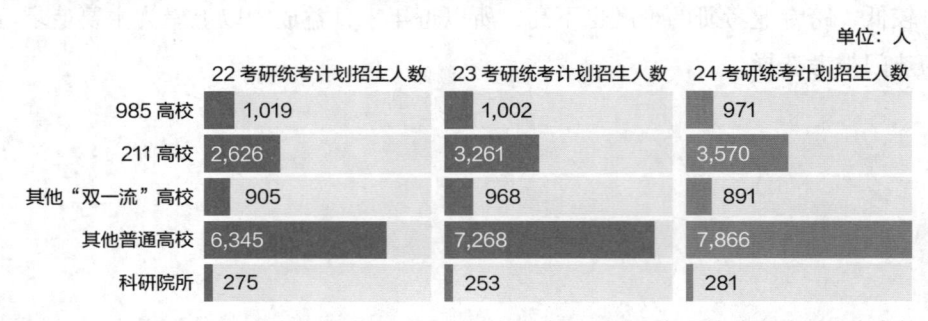

单位：人

招生单位类型	22考研统考计划招生人数	23考研统考计划招生人数	24考研统考计划招生人数
985高校	1,019	1,002	971
211高校	2,626	3,261	3,570
其他"双一流"高校	905	968	891
其他普通高校	6,345	7,268	7,866
科研院所	275	253	281

图 2-42　22考研—24考研农学学术型硕士研究生分招生单位类型的统考计划招生人数

从 22 考研到 24 考研，农学门类学术型硕士研究生统考计划招生人数呈现持续上升的趋势。从 22 考研到 23 考研，统考计划招生人数增加了 1,582 人，同比增长 14.2%；从 23 考研到 24 考研，统考计划招生人数增加了 827 人，同比增长 6.5%。与 23 考研相比，24 考研中科研院所的统考计划招生人数增幅最大，为 11.1%，而其他"双一流"高校的降幅最大，为 8%。

表 2-35　23 考研—24 考研农学学术型硕士研究生一级学科统考计划招生人数对比

一级学科名称（学术型硕士）	一级学科代码	23 考研统考计划招生人数（人）	24 考研统考计划招生人数（人）	增长率
作物学	0901	2,241	2,382	6.3%
园艺学	0902	1,561	1,660	6.3%
农业资源与环境	0903	901	946	5%
植物保护	0904	1,431	1,489	4.1%
畜牧学	0905	1,443	1,567	8.6%
兽医学	0906	1,545	1,626	5.2%
林学	0907	1,441	1,764	22.4%
水产	0908	1,222	1,237	1.2%
草学	0909	356	399	12.1%
水土保持与荒漠化防治学	0910	0	0	—
科学技术史	0970	2	2	0%
环境科学与工程	0971	14	15	7.1%
食品科学与工程	0972	497	492	-1%
总计	—	12,654	13,579	7.3%

注：24 考研取消一级学科风景园林学（0973）

与 23 考研相比，24 考研农学学术型硕士研究生统考计划招生人数增幅最大的一级学科是林学（一级学科代码：0907），其计划招生人数增加了 323 人，同比增长 22.4%。降幅最大的一级学科是食品科学与工程（一级学科代码：0972），统考计划招生人数下降了 5 人，同比减少 1%。

计划报考农学学术型硕士研究生的考生，推荐关注以下统考计划招生人数同比增长的招生单位：

— 上海海洋大学，水产（专业代码：090800）
— 北京林业大学，水土保持与荒漠化防治（专业代码：090707）
— 武汉轻工大学，畜牧（专业代码：090500）
— 北京林业大学，林木遗传育种（专业代码：090701）
— 长江大学，作物学（专业代码：090100）

- 河北农业大学，作物遗传育种（专业代码：090102）
- 东北农业大学，作物遗传育种（专业代码：090102）
- 河北农业大学，作物栽培学与耕作学（专业代码：090101）
- 四川农业大学，作物栽培学与耕作学（专业代码：090101）
- 河南大学，作物学（专业代码：090100）

3 农学门类专业型硕士研究生统考计划招生数据

单位：人

招生单位类型	22考研统考计划招生人数	23考研统考计划招生人数	24考研统考计划招生人数
985高校	2,175	2,255	1,985
211高校	6,523	7,188	7,062
其他"双一流"高校	1,903	2,049	1,771
其他普通高校	19,109	21,899	22,581
科研院所	675	708	677

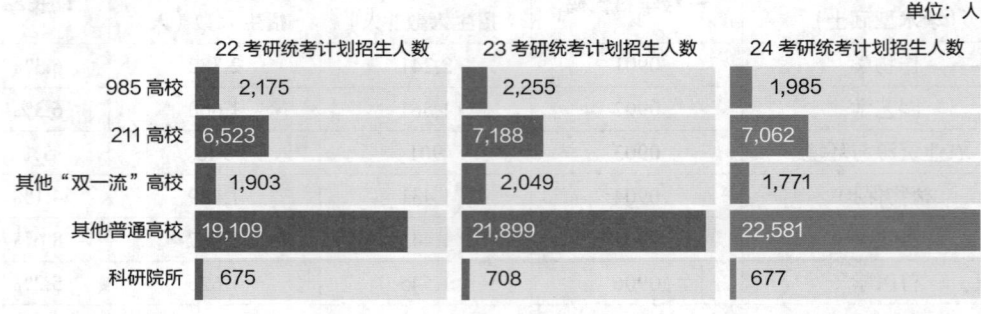

图2-43 22考研—24考研农学专业型硕士研究生分招生单位类型的统考计划招生人数

从22考研到24考研，农学门类专业型硕士研究生统考计划招生人数呈现先上升后下降的趋势。从22考研到23考研，统考计划招生人数增加了3,714人，同比增长12.2%；从23考研到24考研，统考计划招生人数下降了23人，同比减少0.1%，人数下降绝对值很小，整体统考计划招生规模保持稳定。

表2-36 23考研—24考研农学专业型硕士研究生一级学科统考计划招生人数对比

一级学科名称（专业型硕士）	一级学科代码	23考研统考计划招生人数（人）	24考研统考计划招生人数（人）	增长率
农业	0951	26,206	28,629	9.2%
兽医	0952	2,707	2,863	5.8%
林业	0954	2,297	2,556	11.3%
食品与营养	0955	0	0	—
总计	—	31,210	34,048	9.1%

注：
1）24考研取消一级学科风景园林（0953）
2）为保证数据的统计维度一致，23考季已去除以院系所为单位招生的15人，24考季已去除以院系所为单位招生的28人

与23考研相比，24考研农学专业型硕士研究生的所有一级学科统考计划招生人数均呈现增长的趋势，这对于以上岸为核心追求目标的考生而言是利好信息。增幅最大的一级学科是林业（一级学科代码：0954），其计划招生人数增加了259人，同比增长11.3%。

计划报考农学专业型硕士研究生的考生，推荐关注以下统考计划招生人数同比增长的招生单位：
- 华中农业大学，农艺与种业（专业代码：095131）
- 华中农业大学，兽医（专业代码：095200）
- 浙江农林大学，林业（专业代码：095400）
- 华南农业大学，资源利用与植物保护（专业代码：095132）
- 湖南农业大学，农艺与种业（专业代码：095131）
- 山西农业大学，农艺与种业（专业代码：095131）
- 西北农林科技大学，农艺与种业（专业代码：095131）
- 华中农业大学，渔业发展（专业代码：095134）
- 华中农业大学，资源利用与植物保护（专业代码：095132）
- 扬州大学，兽医（专业代码：095200）

（十）医学门类硕士研究生统考计划招生数据

1 医学门类硕士研究生统考计划招生数据

表 2-37　22 考研—24 考研医学硕士研究生统考计划招生人数对比

学科门类	22 考研统考计划招生人数（人）	23 考研统考计划招生人数（人）	24 考研统考计划招生人数（人）
医学	76,385	98,222	100,585

从 22 考研到 24 考研，医学门类的统考计划招生人数呈现持续增长的趋势。从 22 考研到 23 考研，统考计划招生人数增加了 21,837 人，同比增长 28.6%；从 23 考研到 24 考研，统考计划招生人数进一步增加了 2,363 人，同比增长 2.4%，整体招生规模保持稳中有升。

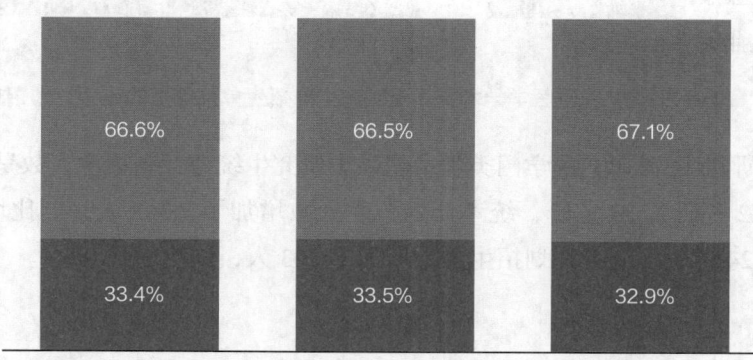

图 2-44　22 考研—24 考研医学学术型硕士研究生与专业型硕士研究生统考计划招生人数占比

从 22 考研到 24 考研，医学学术型硕士与专业型硕士研究生统考计划招生人数的比例保持相对稳定，专业型硕士研究生计划招生人数更多。

表 2-38　22 考研—24 考研医学非全日制硕士研究生统考计划招生人数对比

医学	22 考研统考计划招生人数（人）	23 考研统考计划招生人数（人）	24 考研统考计划招生人数（人）
非全日制硕士	1,836	1,425	1,333

从 22 考研到 24 考研，医学门类的非全日制硕士研究生统考计划招生人数呈现下降的趋势。从 22 考研到 23 考研，统考计划招生人数下降了 411 人，同比减少 22.4%；从 23 考研到 24 考研，统考计划招生人数下降了 92 人，同比减少 6.5%。

计划报考医学非全日制硕士研究生的考生，推荐关注 24 考研统考计划招生人数较多的招生单位：

- 复旦大学，公共卫生（专业代码：105300）
- 同济大学，护理（专业代码：105400）
- 四川大学，护理（专业代码：105400）
- 郑州大学，公共卫生（专业代码：105300）
- 中山大学，护理（专业代码：105400）

2　医学门类学术型硕士研究生统考计划招生数据

单位：人

	22 考研统考计划招生人数	23 考研统考计划招生人数	24 考研统考计划招生人数
985 高校	3,066	3,580	3,455
211 高校	2,647	2,861	2,964
其他"双一流"高校	2,250	3,393	3,286
其他普通高校	16,743	21,091	21,191
科研院所	831	1,975	2,207

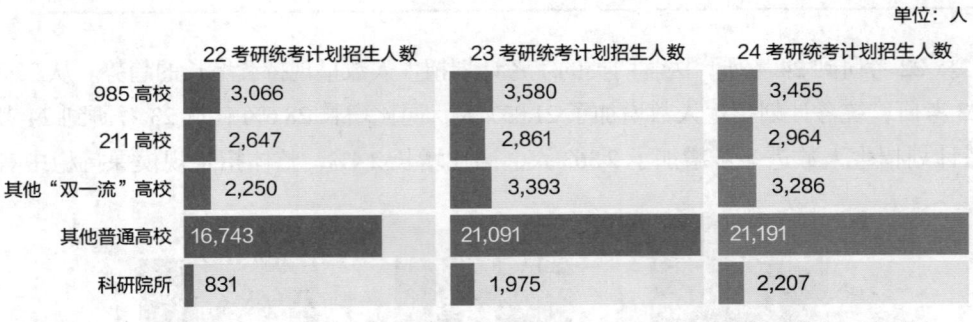

图 2-45　22 考研—24 考研医学学术型硕士研究生分招生单位类型的统考计划招生人数

从 22 考研到 24 考研，医学门类学术型硕士研究生统考计划招生人数呈现持续增长的趋势。从 22 考研到 23 考研，统考计划招生人数增加了 7,363 人，同比增长 28.8%；从 23 考研到 24 考研，统考计划招生人数增加了 203 人，同比增长 0.6%。

表 2-39 23 考研—24 考研医学学术型硕士研究生一级学科统考计划招生人数对比

一级学科名称（学术型硕士）	一级学科代码	23 考研统考计划招生人数（人）	24 考研统考计划招生人数（人）	增长率
基础医学	1001	4,550	4,939	8.5%
临床医学	1002	10,809	11,444	5.9%
口腔医学	1003	607	654	7.7%
公共卫生与预防医学	1004	2,458	2,330	−5.2%
中医学	1005	2,717	2,687	−1.1%
中西医结合	1006	1,551	1,587	2.3%
药学	1007	5,674	5,812	2.4%
中药学	1008	2,253	2,356	4.6%
特种医学	1009	211	202	−4.3%
医学技术	1010	867	0	−100%
护理学	1011	654	639	−2.3%
法医学	1012	0	0	—
生物医学工程	1072	296	311	5.1%
社会医学与卫生事业管理	1074	129	82	−36.4%
总计	—	32,776	33,043	0.8%

注：

1）24 考研统考计划招生人数不含天津大学救援医学专业（109901）和四川大学医学技术学专业（109902）共招生 6 人。

2）为保证数据的统计维度一致，23 考季已去除以院系所为单位招生的 124 人，24 考季已去除以院系所为单位招生的 54 人。

与 23 考研相比，24 考研医学学术型硕士研究生统考计划招生人数增幅最大的一级学科是基础医学（一级学科代码：1001），统考计划招生人数增加了 389 人，同比增长 8.5%。降幅最大的一级学科是社会医学与卫生事业管理（一级学科代码：1074），统考计划招生人数下降了 47 人，同比减少 36.4%。

计划报考医学学术型硕士研究生的考生，推荐关注以下统考计划招生人数同比增长的招生单位：

— 广州中医药大学，中药学（专业代码：100800）

— 哈尔滨医科大学，药理学（专业代码：100706）

— 江苏大学，临床检验诊断学（专业代码：100208）

— 华中科技大学，临床医学（专业代码：100200）

— 山东中医药大学，中药学（专业代码：100800）

— 徐州医科大学，麻醉学（专业代码：100217）

- 温州医科大学，临床检验诊断学（专业代码：100208）
- 沈阳药科大学，药剂学（专业代码：100702）
- 华中科技大学，临床医学（专业代码：100200）
- 杭州医学院，基础医学（专业代码：100100）

③ 医学门类专业型硕士研究生统考计划招生数据

单位：人

招生单位类型	22考研统考计划招生人数	23考研统考计划招生人数	24考研统考计划招生人数
985高校	5,308	5,625	5,953
211高校	5,209	6,158	6,550
其他"双一流"高校	3,757	5,570	5,813
其他普通高校	35,574	46,302	47,292
科研院所	1,000	1,667	1,874

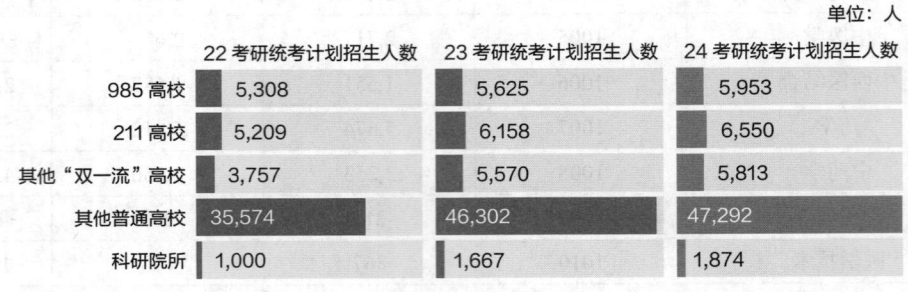

图2-46 22考研—24考研医学专业型硕士研究生分招生单位类型的统考计划招生人数

从22考研到24考研，医学门类专业型硕士研究生统考计划招生人数呈现持续增长的趋势。从22考研到23考研，统考计划招生人数增加了14,474人，同比增长28.47%；从23考研到24考研，统考计划招生人数增加了2,160人，同比增长3.31%。

表2-40 23考研—24考研医学专业型硕士研究生一级学科统考计划招生人数对比

一级学科名称（专业型硕士）	一级学科代码	23考研统考计划招生人数（人）	24考研统考计划招生人数（人）	增长率
临床医学	1051	33,619	33,372	-0.7%
口腔医学	1052	1,804	1,908	5.8%
公共卫生	1053	4,769	4,842	1.5%
护理	1054	4,019	4,164	3.6%
药学	1055	8,002	8,753	9.4%
中药	1056	2,023	2,268	12.1%
中医	1057	11,062	11,104	0.4%
医学技术	1058	0	1,071	—
针灸	1059	0	0	—
总计	—	65,298	67,482	3.3%

注：
1）医学技术（1058）、针灸（1059）为24考研医学专业型硕士新增一级学科
2）为保证数据的统计维度一致，23考季已去除以院系所为单位招生的24人

与 23 考研相比，24 考研医学专业型硕士研究生统考计划招生人数增幅最大的一级学科是中药（一级学科代码：1056），其计划招生人数增加了 245 人，同比增长 12.1%。降幅最大的一级学科是临床医学（一级学科代码：1051），统考计划招生人数下降了 247 人，同比减少 0.7%。由于临床医学的统考计划招生人数基数庞大，因此该人数变化属正常波动，整体招生规模保持稳定。

计划报考医学专业型硕士研究生的考生，推荐关注以下统考计划招生人数同比增长的招生单位：

- 天津医科大学，临床医学（专业代码：105100）
- 安徽医科大学，药学（专业代码：105500）
- 南京医科大学，公共卫生（专业代码：105300）
- 山西医科大学，公共卫生（专业代码：105300）
- 郑州大学，公共卫生（专业代码：105300）
- 浙江工业大学，药学（专业代码：105500）
- 郑州大学，药学（专业代码：105500）
- 广西中医药大学，中西医结合临床（专业代码：105709）
- 郑州大学，内科学（专业代码：105101）

（十一）军事学门类硕士研究生统考计划招生数据

1 军事学门类硕士研究生统考计划招生数据

表 2-41　22 考研—24 考研军事学硕士研究生统考计划招生人数对比

学科门类	22 考研统考计划招生人数（人）	23 考研统考计划招生人数（人）	24 考研统考计划招生人数（人）
军事学	2,641	2,713	2,950

从 22 考研到 24 考研，军事学门类的统考计划招生人数呈现持续增长的趋势。从 22 考研到 23 考研，统考计划招生人数增加了 72 人，同比增长 2.7%；从 23 考研到 24 考研，统考计划招生人数进一步增加了 237 人，同比增长 8.7%。

■ 学术型硕士　■ 专业型硕士

```
              80.5%              79.9%              73.6%


              19.5%              20.1%              26.4%
      22考研统考计划招生人数   23考研统考计划招生人数   24考研统考计划招生人数
```

图 2-47　22 考研—24 考研军事学学术型硕士与专业型硕士研究生统考计划招生人数占比

从 22 考研到 24 考研，军事学学术型硕士研究生的比例逐年增加。

表 2-42　22 考研—24 考研军事学非全日制硕士研究生统考计划招生人数对比

军事学	22 考研统考计划招生人数（人）	23 考研统考计划招生人数（人）	24 考研统考计划招生人数（人）
非全日制硕士	1,240	1,338	1,402

从 22 考研到 24 考研，军事学门类的非全日制硕士研究生统考计划招生人数呈现增长的趋势。从 22 考研到 23 考研，统考计划招生人数增加了 98 人，同比增长 7.9%；从 23 考研到 24 考研，统考计划招生人数增加了 64 人，同比增长 4.8%。

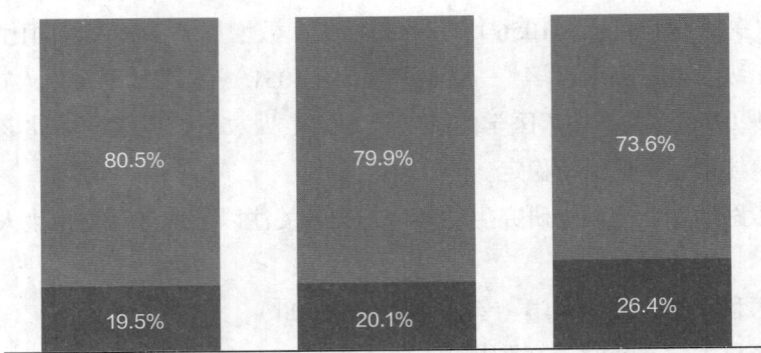

计划报考军事学非全日制硕士研究生的考生，推荐关注 24 考研统考计划招生人数较多的招生单位：

– 国防科技大学，作战指挥保障（专业代码：115400）
– 空军指挥学院，军兵种作战指挥（专业代码：115300）
– 武警指挥学院，军兵种作战指挥（专业代码：115300）
– 海军指挥学院，军兵种作战指挥（专业代码：115300）
– 海军指挥学院，战时政治工作（专业代码：115500）
– 海军指挥学院，后勤与装备保障（专业代码：115600）
– 海军指挥学院，军事训练与管理（专业代码：115700）

2 军事学门类学术型硕士研究生统考计划招生数据

单位：人

招生单位类型	22考研统考计划招生人数	23考研统考计划招生人数	24考研统考计划招生人数
985高校	0	0	0
211高校	10	7	7
其他"双一流"高校	0	0	0
其他普通高校	8	8	7
科研院所	497	530	766

图 2-48　22 考研—24 考研军事学学术型硕士研究生分招生单位类型的统考计划招生人数

从 22 考研到 24 考研，军事学门类学术型硕士统考计划招生人数呈现持续增长的趋势。从 22 考研到 23 考研，统考计划招生人数增加了 30 人，同比增长 5.8%；从 23 考研到 24 考研，统考计划招生人数增加了 235 人，同比增长 43.1%。

表 2-43　23 考研—24 考研军事学学术型硕士研究生一级学科统考计划招生人数对比

一级学科名称（学术型硕士）	一级学科代码	23考研统考计划招生人数（人）	24考研统考计划招生人数（人）	增长率
军事思想与军事历史	1101	16	20	25%
战略学	1102	25	22	−12%
联合作战学	1103	15	36	140%
军兵种作战学	1104	64	98	53.1%
军队指挥学	1105	226	235	4%
军队政治工作学	1106	67	57	−14.9%
军事后勤学	1107	62	93	50%
军事装备学	1108	59	73	23.7%
军事管理学	1109	11	15	36.4%
军事训练学	1110	0	45	—
军事智能	1111	0	85	—
国家安全学	1170	0	1	—
总计	—	545	780	43.1%

注：军事管理学 23 考研以 1106 代码招生，军队政治工作学 23 考研以 1107 代码招生，军事后勤学 23 考研以 1108 代码招生，军事装备学 23 考研以 1109 代码招生

与 23 考研相比，24 考研军事学学术型硕士研究生统考计划招生人数增幅最大的一级学科是联合作战学（一级学科代码：1103），其计划招生人数增加了 21 人，同比增长

140%。降幅最大的一级学科是军队政治工作学（一级学科代码：1106），统考计划招生人数下降了 10 人，同比减少 14.9%。

计划报考军事学学术型硕士研究生的考生，推荐关注以下统考计划招生人数同比增长的招生单位：

- 军事科学院，军事后勤学（专业代码：110700）
- 空军预警学院，军队指挥学（专业代码：110500）
- 武警工程大学，军队指挥学（专业代码：110500）
- 国防科技大学，军队指挥学（专业代码：110500）
- 陆军工程大学，军队指挥学（专业代码：110500）
- 空军工程大学，军兵种作战学（专业代码：110400）
- 国防大学，军队指挥学（专业代码：110500）
- 空军指挥学院，军兵种作战学（专业代码：110400）
- 火箭军指挥学院，军事装备学（专业代码：110800）

3 军事学门类专业型硕士研究生统考计划招生数据

单位：人

	22 考研统考计划招生人数	23 考研统考计划招生人数	24 考研统考计划招生人数
985 高校	0	0	0
211 高校	0	0	0
其他"双一流"高校	0	0	0
其他普通高校	0	0	0
科研院所	2,126	2,168	2,170

图 2-49 22 考研—24 考研军事学专业型硕士研究生分招生单位类型的统考计划招生人数

从 22 考研到 24 考研，军事学门类专业型硕士研究生统考计划招生人数呈现持续增长的趋势。从 22 考研到 23 考研，统考计划招生人数增加了 42 人，同比增长 2%；从 23 考研到 24 考研，统考计划招生人数增加了 2 人，同比增长 0.1%。从近 3 年招生数据来看，军事学专业型硕士研究生招生仅集中在科研院所。

表 2-44 23 考研—24 考研军事学专业型硕士研究生一级学科统考计划招生人数对比

一级学科名称 （专业型硕士）	一级学科代码	23 考研统考计划招生人数（人）	24 考研统考计划招生人数（人）	增长率
联合作战指挥	1152	0	3	—
军兵种作战指挥	1153	953	578	−39.3%
作战指挥保障	1154	0	410	—

续表

一级学科名称（专业型硕士）	一级学科代码	23考研统考计划招生人数（人）	24考研统考计划招生人数（人）	增长率
战时政治工作	1155	303	285	-5.9%
后勤与装备保障	1156	819	635	-22.5%
军事训练与管理	1157	0	259	—
总计	—	2,075	2,170	4.6%

注：
1）军兵种作战指挥23考研以军事指挥专业（115101）招生，战时政治工作23考研以军队政治工作专业（115102）招生，后勤与装备保障23考研以军事后勤专业（115103）、军事装备专业（115104）招生
2）24考研取消一级学科军事（1151）
3）为保证数据的统计维度一致，23考季已去除以院系所为单位招生的40人

与23考研相比，24考研军事学专业型硕士研究生统考计划招生人数降幅最大的一级学科是军兵种作战指挥（一级学科代码：1153），统考计划招生人数下降了375人，同比减少39.3%。

计划报考军事学专业型硕士研究生的考生，推荐关注以下统考计划招生人数同比增长的招生单位：

- 陆军勤务学院，后勤与装备保障（专业代码：115600）
- 武警指挥学院，军兵种作战指挥（专业代码：115300）
- 陆军军事交通学院，后勤与装备保障（专业代码：115600）
- 武警后勤学院，后勤与装备保障（专业代码：115600）
- 空军预警学院，后勤与装备保障（专业代码：115600）
- 陆军航空兵学院，军兵种作战指挥（专业代码：115300）
- 陆军防化学院，军兵种作战指挥（专业代码：115300）
- 陆军防化学院，后勤与装备保障（专业代码：115600）
- 空军工程大学，军兵种作战指挥（专业代码：115300）

（十二）管理学门类硕士研究生统考计划招生数据

1 管理学门类硕士研究生统考计划招生数据

表2-45　22考研—24考研管理学硕士研究生统考计划招生人数对比

学科门类	22考研统考计划招生人数（人）	23考研统考计划招生人数（人）	24考研统考计划招生人数（人）
管理学	129,278	135,673	140,377

从 22 考研到 24 考研，管理学门类的统考计划招生人数呈现持续增长的趋势。从 22 考研到 23 考研，统考计划招生人数增加了 6,395 人，同比增长 4.9%；从 23 考研到 24 考研，统考计划招生人数进一步增加了 4,704 人，同比增长 3.5%。24 考研管理学统考计划招生人数的增幅与学科门类的调整也有一定关系：24 考研中，原属于经济学门类的审计硕士（调整前学科代码：0257），调整到管理学门类进行招生（调整后学科代码：1257）。

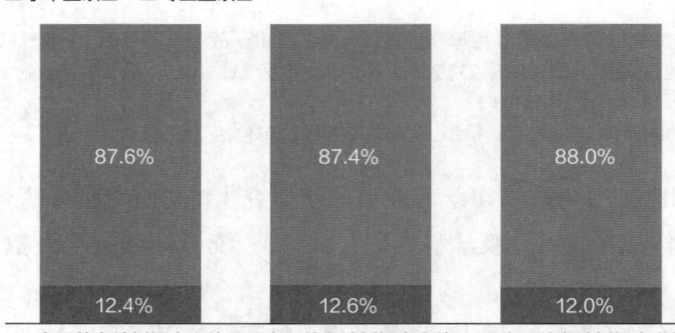

图 2-50　22 考研—24 考研管理学学术型硕士研究生与专业型硕士研究生统考计划招生人数占比

从 22 考研到 24 考研，管理学学术型硕士研究生的比例在这三年间略有波动，但总体上保持相对较低的水平。专业型硕士研究生的比例总体上保持较高，显示出管理学领域对于专业实践和应用技能的强烈需求。

表 2-46　22 考研—24 考研管理学非全日制硕士研究生统考计划招生人数对比

管理学	22 考研统考计划招生人数（人）	23 考研统考计划招生人数（人）	24 考研统考计划招生人数（人）
非全日制硕士	85,618	87,472	89,817

从 22 考研到 24 考研，管理学门类的非全日制硕士研究生统考计划招生人数呈现增长的趋势。从 22 考研到 23 考研，统考计划招生人数增加了 1,854 人，同比增长 2.2%；从 23 考研到 24 考研，统考计划招生人数增加了 2,345 人，同比增长 2.7%。

计划报考管理学非全日制硕士研究生的考生，推荐关注 24 考研统考计划招生人数较多的招生单位：

- 复旦大学，工商管理（专业代码：125100）
- 哈尔滨工业大学，工商管理（专业代码：125100）
- 上海交通大学，工商管理（专业代码：125100）
- 北京大学，工商管理（专业代码：125100）

2 管理学门类学术型硕士研究生统考计划招生数据

单位：人

招生单位类型	22考研统考计划招生人数	23考研统考计划招生人数	24考研统考计划招生人数
985高校	1,989	2,074	1,851
211高校	3,668	4,006	3,856
其他"双一流"高校	631	681	634
其他普通高校	9,473	10,052	10,236
科研院所	209	305	282

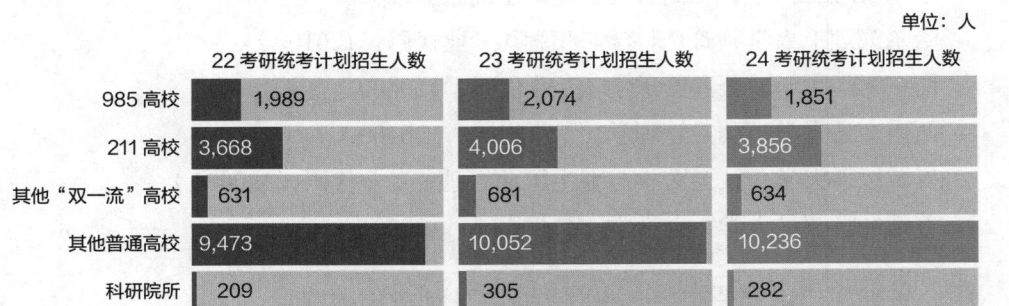

图 2-51　22考研—24考研管理学学术型硕士研究生分招生单位类型的统考计划招生人数

从22考研到24考研，管理学门类学术型硕士研究生统考计划招生人数呈现先上升后下降的趋势。从22考研到23考研，统考计划招生人数增加了1,148人，同比增长7.2%；从23考研到24考研，统考计划招生人数下降了259人，同比减少1.5%。

表 2-47　23考研—24考研管理学学术型硕士研究生一级学科统考计划招生人数对比

一级学科名称（学术型硕士）	一级学科代码	23考研统考计划招生人数（人）	24考研统考计划招生人数（人）	增长率
管理科学与工程	1201	3,352	3,343	−0.3%
工商管理学	1202	7,216	7,029	−2.6%
农林经济管理	1203	559	573	2.5%
公共管理学	1204	5,318	5,282	−0.7%
信息资源管理	1205	673	627	−6.8%
总计	—	17,118	16,854	−1.5%

注：24考研统考计划招生人数不含同济大学知识产权学专业（129901）招生5人

与23考研相比，24考研管理学学术型硕士研究生统考计划招生人数增幅最大的一级学科是农林经济管理（一级学科代码：1203），其计划招生人数增加了14人，同比增长2.5%。降幅最大的一级学科是信息资源管理（一级学科代码：1205），统考计划招生人数下降了46人，同比减少6.8%。统考计划招生人数基数较大的三个一级学科（管理科学与工程、工商管理学、公共管理学）均呈现小幅下降趋势，但整体招生规模保持稳定。

计划报考管理学学术型硕士研究生的考生，推荐关注以下统考计划招生人数同比增长的招生单位：

— 中国地质大学（武汉），土地资源管理（专业代码：120405）
— 湖南农业大学，公共管理学（专业代码：120400）
— 天津财经大学，会计学（专业代码：120201）

- 华中师范大学，公共管理学（专业代码：120400）
- 哈尔滨理工大学，工商管理学（专业代码：120200）
- 哈尔滨理工大学，管理科学与工程（专业代码：120100）
- 南京财经大学，公共管理学（专业代码：120400）
- 西南交通大学，公共管理学（专业代码：120400）
- 安徽医科大学，社会医学与卫生事业管理（专业代码：120402）
- 首都经济贸易大学，会计学（专业代码：120201）

③ 管理学门类专业型硕士研究生统考计划招生数据

单位：人

招生单位类型	22考研统考计划招生人数	23考研统考计划招生人数	24考研统考计划招生人数
985高校	37,036	38,008	38,179
211高校	29,301	30,518	31,372
其他"双一流"高校	3,476	3,549	3,708
其他普通高校	42,049	44,757	48,643
科研院所	1,446	1,723	1,616

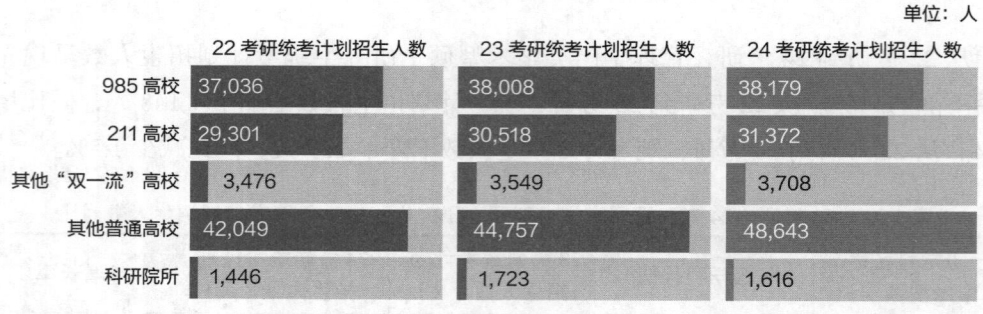

图2-52 22考研—24考研管理学专业型硕士研究生分招生单位类型的统考计划招生人数

从22考研到24考研，管理学门类专业型硕士研究生统考计划招生人数呈现持续增长的趋势。从22考研到23考研，统考计划招生人数增加了5,247人，同比增长4.6%；从23考研到24考研，统考计划招生人数增加了4,963人，同比增长4.2%。与23考研相比，24考研中，其他普通高校增幅最大，为8.7%；科研院所降幅最大，为6.2%。管理学门类专业型硕士研究生统考计划招生人数的持续增长，一定程度上也反映了相关专业在考生中的热门程度。

表2-48 23考研—24考研管理学专业型硕士研究生一级学科统考计划招生人数对比

一级学科名称（专业型硕士）	一级学科代码	23考研统考计划招生人数（人）	24考研统考计划招生人数（人）	增长率
工商管理	1251	52,125	53,830	3.3%
公共管理	1252	26,474	26,499	0.1%
会计	1253	18,723	18,368	-1.9%
旅游管理	1254	2,813	2,955	5%
图书情报	1255	1,901	1,952	2.7%
工程管理	1256	15,855	16,702	5.3%
审计	1257	2,041	2,262	10.8%

续表

一级学科名称（专业型硕士）	一级学科代码	23考研统考计划招生人数（人）	24考研统考计划招生人数（人）	增长率
总计	—	119,932	122,568	2.2%

注：

1）24考研统考计划招生人数不含中国人民大学人力资源开发与管理专业（1258S1）、中山大学文献与文化遗产保护专业（1258S1）、上海交通大学技术转移专业（1258S1）、清华大学医疗管理专业（1258S1）、清华大学全球领导力专业（1259S1）共计招生的157人。

2）为保证数据的统计维度一致，23考季已去除以院系所为单位招生的664人，24考季已去除以院系所为单位招生的793人。

与23考研相比，24考研管理学专业型硕士研究生统考计划招生人数增幅最大的一级学科是审计（一级学科代码：1257），其计划招生人数增加了221人，同比增长10.8%。降幅最大的一级学科是会计（一级学科代码：1253），统考计划招生人数下降了355人，同比减少1.9%。需要注意的是，在分析审计专业型硕士研究生统考计划招生人数时，23考季采用的是一级学科代码为0257的招生数据。

计划报考管理学专业型硕士研究生的考生，推荐关注以下统考计划招生人数同比增长的招生单位：

- 北京大学，工商管理（专业代码：125100）
- 中国人民大学，工商管理（专业代码：125100）
- 西南交通大学，工商管理（专业代码：125100）
- 北京理工大学，工商管理（专业代码：125100）
- 厦门大学，工商管理（专业代码：125100）
- 清华大学，工商管理（专业代码：125100）
- 上海交通大学，工程管理（专业代码：125601）
- 北京大学，公共管理（专业代码：125200）
- 中央财经大学，会计（专业代码：125300）
- 武汉大学，工商管理（专业代码：125100）

（十三）艺术学门类硕士研究生统考计划招生数据

1 艺术学门类硕士研究生统考计划招生数据

表2-49　22考研—24考研艺术学硕士研究生统考计划招生人数对比

学科门类	22考研统考计划招生人数（人）	23考研统考计划招生人数（人）	24考研统考计划招生人数（人）
艺术学	24,693	35,038	35,454

从 22 考研到 24 考研，艺术学门类的统考计划招生人数呈现持续增长的趋势。从 22 考研到 23 考研，统考计划招生人数增加了 10,345 人，同比增长 41.9%；从 23 考研到 24 考研，统考计划招生人数进一步增加 416 人，同比增长 1.2%。艺术门类的相关专业招生规模稳定，在整体报考趋势较为火热的背景下，艺术类相关专业的上岸难度预计也会继续稳中有升。

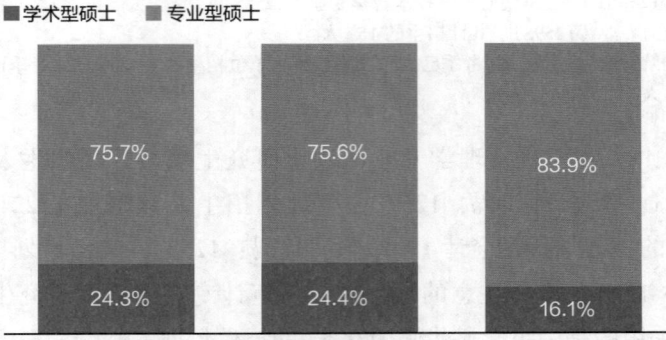

图 2-53　22 考研—24 考研艺术学学术型硕士与专业型硕士研究生统考计划招生人数占比

从 22 考研到 24 考研，艺术学学术型硕士研究生的比例在 24 考研中出现了显著的下降，专业型硕士研究生的比例随之显著增加。同时，专业型硕士研究生仍然在艺术学中占据较大比重，这显示出艺术学对创作能力、表演技巧和设计实践的高度重视。

表 2-50　22 考研—24 考研艺术学非全日制硕士研究生统考计划招生人数对比

艺术学	22 考研统考计划招生人数（人）	23 考研统考计划招生人数（人）	24 考研统考计划招生人数（人）
非全日制硕士	2,385	2,554	2,477

从 22 考研到 24 考研，艺术学门类的非全日制硕士研究生统考计划招生人数呈现先增长后下降的趋势。从 22 考研到 23 考研，统考计划招生人数增加了 169 人，同比增长 7.1%；从 23 考研到 24 考研，统考计划招生人数下降了 77 人，同比减少 3%。

计划报考艺术学非全日制硕士研究生的考生，推荐关注 24 考研统考计划招生人数较多的招生单位：

– 上海音乐学院，音乐（专业代码：135200）
– 同济大学，设计（专业代码：135700）
– 南京师范大学，戏剧与影视（专业代码：135400）
– 杭州师范大学，戏剧与影视（专业代码：135400）

❷ 艺术学门类学术型硕士研究生统考计划招生数据

单位：人

招生单位类型	22考研统考计划招生人数	23考研统考计划招生人数	24考研统考计划招生人数
985高校	355	500	220
211高校	886	1,052	647
其他"双一流"高校	377	1,096	827
其他普通高校	4,260	5,762	3,713
科研院所	111	135	317

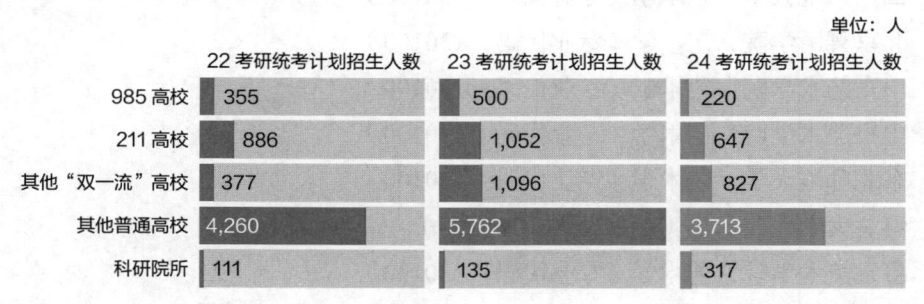

图2-54　22考研—24考研艺术学学术型硕士研究生分招生单位类型的统考计划招生人数

从22考研到24考研，艺术学门类学术型硕士研究生统考计划招生人数呈现先上升后下降的趋势。从22考研到23考研，统考计划招生人数增加了2,556人，同比增长42.7%；从23考研到24考研，统考计划招生人数下降了2,821人，同比减少33%。与23考研相比，24考研中，科研院所增幅最大，为134.8%；985高校降幅最大，为56%。学术型硕士研究生统考计划招生人数的大规模下降，与学科门类所辖专业的设置调整相关，部分专业调整至专业型硕士进行招生。

表2-51　23考研—24考研艺术学学术型硕士研究生一级学科统考计划招生人数对比

一级学科名称（学术型硕士）	一级学科代码	23考研统考计划招生人数（人）	24考研统考计划招生人数（人）	增长率
艺术学	1301	1,262	5,454	332.2%
音乐与舞蹈学	1302	1,739	0	—
戏剧与影视学	1303	981	0	—
设计学	1305	2,824	0	—
设计学	1370	0	270	—
总计	—	6,806	5,724	-15.9%

注：
1）24考研取消一级学科美术学（1304）
2）为保证数据的统计维度一致，23考季已去除以院系所为单位招生的16人

与23考研相比，24考研艺术学学术型硕士研究生统考计划招生人数的增长主要集中在艺术学（1301）上，计划招生人数增加了4,192人，同比增长332.2%。招生人数的大幅度变化主要是跟招生方式调整相关。

计划报考艺术学学术型硕士研究生的考生，推荐关注以下统考计划招生人数同比增长的招生单位：

- 湖北美术学院，艺术学（专业代码：130100）
- 上海音乐学院，艺术学（专业代码：130100）

- 上海戏剧学院，艺术学（专业代码：130100）
- 四川师范大学，艺术学（专业代码：130100）
- 北京舞蹈学院，艺术学（专业代码：130100）
- 山东艺术学院，艺术学（专业代码：130100）
- 中央美术学院，艺术学（专业代码：130100）
- 东北师范大学，艺术学（专业代码：130100）
- 河北大学，艺术学（专业代码：130100）
- 鲁迅美术学院，艺术学（专业代码：130100）

3 艺术学门类专业型硕士研究生统考计划招生数据

单位：人

招生单位类型	22考研统考计划招生人数	23考研统考计划招生人数	24考研统考计划招生人数
985高校	1,264	1,955	1,852
211高校	2,554	3,223	3,359
其他"双一流"高校	1,182	2,510	2,963
其他普通高校	13,556	18,593	21,051
科研院所	148	212	505

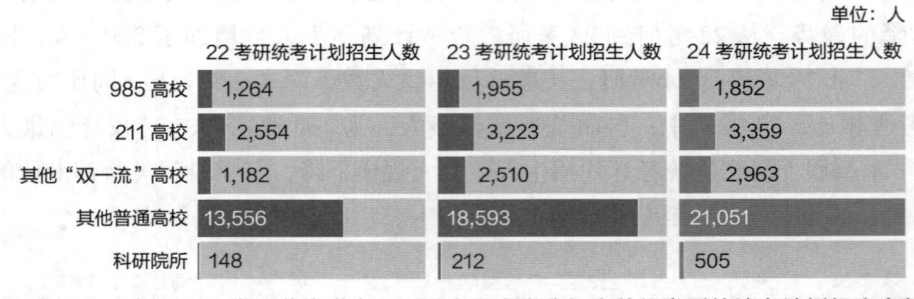

图 2-55　22考研—24考研艺术学专业型硕士研究生分招生单位类型的统考计划招生人数

从22考研到24考研，艺术学门类专业型硕士研究生统考计划招生人数呈现持续增长的趋势。从22考研到23考研，统考计划招生人数增加了7,789人，同比增长41.6%；从23考研到24考研，统考计划招生人数增加了3,237人，同比增长12.2%。与23考研相比，24考研中，科研院所增幅最大，为138.2%；985高校降幅最大，为5.3%。

表 2-52　23考研—24考研艺术学专业型硕士研究生一级学科统考计划招生人数对比

一级学科名称 （专业型硕士）	一级学科代码	23考研统考计划招生人数（人）	24考研统考计划招生人数（人）	增长率
音乐	1352	5,244	6,108	16.5%
舞蹈	1353	626	825	31.8%
戏剧与影视	1354	3,322	4,322	30.1%
戏曲与曲艺	1355	124	201	62.1%
美术与书法	1356	5,301	7,076	33.5%
设计	1357	9,483	11,107	17.1%
总计	—	24,100	29,639	**23%**

注：

1）音乐专业23考研以音乐专业（135101）招生，舞蹈专业23考研以舞蹈专业（135106）招生，戏剧与影视专业 23 考研以戏剧专业（135102）、电影专业（135104）、广播电视专业（135105）招生，戏曲与曲艺专业 23 考研以戏曲专业（135103）招生，美术与书法专业 23 考研以美术专业（135107）招生，设计专业 23 考研以艺术设计专业（135108）招生

2）24 考研取消一级学科艺术（1351）

3）为保证数据的统计维度一致，23 考季已去除以院系所为单位招生的 316 人，24 考季已去除以院系所为单位招生的 71 人

与 23 考研相比，24 考研艺术学专业型硕士研究生统考计划招生人数，在各一级学科中均呈现增长的趋势。其中，增幅最大的一级学科是戏曲与曲艺（一级学科代码：1355），统考计划招生人数增加了 77 人，同比增长 62.1%。

计划报考艺术学专业型硕士研究生的考生，推荐关注以下统考计划招生人数同比增长的招生单位：

- 武汉音乐学院，音乐（专业代码：135200）
- 山东工艺美术学院，设计（专业代码：135700）
- 四川师范大学，戏剧与影视（专业代码：135400）
- 上海戏剧学院，戏剧与影视（专业代码：135400）
- 湖北工业大学，设计（专业代码：135700）
- 江南大学，设计（专业代码：135700）
- 哈尔滨师范大学，美术与书法（专业代码：135600）
- 北京印刷学院，设计（专业代码：135700）
- 上海工程技术大学，设计（专业代码：135700）
- 江西师范大学，音乐（专业代码：135200）

（十四）交叉学科门类硕士研究生统考计划招生数据

1 交叉学科门类硕士研究生统考计划招生数据

表 2-53　22 考研—24 考研交叉学科硕士研究生统考计划招生人数对比

学科门类	22 考研统考计划招生人数（人）	23 考研统考计划招生人数（人）	24 考研统考计划招生人数（人）
交叉学科	—	441	3,838

从 23 考研到 24 考研，交叉学科的统考计划招生人数增加了 3,397 人，增长率达 770.3%。预计未来 2～3 个考季，交叉学科的招生规模还会继续保持快速增长。

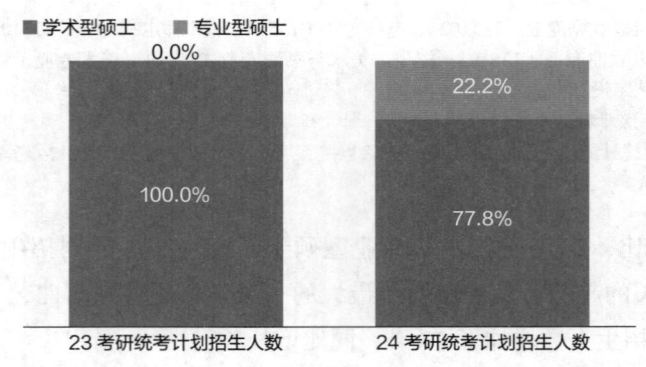

图 2-56　23 考研—24 考研交叉学科学术型硕士研究生与专业型硕士研究生统考计划招生人数占比

与 23 考研相比，24 考研交叉学科新增了专业型硕士，其专业型硕士研究生占比也从 0% 快速上升至 22.2%。

表 2-54　22 考研—24 考研交叉学科非全日制硕士研究生统考计划招生人数对比

交叉学科	22 考研统考计划招生人数（人）	23 考研统考计划招生人数（人）	24 考研统考计划招生人数（人）
非全日制硕士	—	—	134

从 22 考研到 24 考研，交叉学科门类的非全日制硕士研究生统考计划招生人数呈现增长的趋势。23 考研中，交叉学科非全日制硕士研究生的计划招生人数为 0 人，24 考研计划招生人数为 134 人。

计划报考交叉学科非全日制硕士研究生的考生，推荐关注 24 考研统考计划招生人数较多的招生单位：

- 西北大学，文物（专业代码：145100）
- 景德镇陶瓷大学，文物（专业代码：145100）
- 新疆师范大学，文物（专业代码：145100）

2　交叉学科门类学术型硕士研究生统考计划招生数据

招生单位类型	22 考研统考计划招生人数	23 考研统考计划招生人数	24 考研统考计划招生人数
985 高校	0	183	554
211 高校	0	142	414
其他"双一流"高校	0	40	276
其他普通高校	0	72	1,715
科研院所	0	4	27

图 2-57　22 考研—24 考研交叉学科学术型硕士研究生分招生单位类型的统考计划招生人数

从 23 考研到 24 考研，交叉学科门类学术型硕士研究生统考计划招生人数呈现增长的趋势，招生数量增加了 2,545 人，同比增长 577.1%。其中，其他普通高校增幅最大，为 2281.9%；211 高校增幅最小，为 191.5%。

表 2-55 23 考研—24 考研交叉学科学术型硕士研究生一级学科统考计划招生人数对比

一级学科名称（学术型硕士）	一级学科代码	23 考研统考计划招生人数（人）	24 考研统考计划招生人数（人）	增长率
集成电路科学与工程	1401	369	436	18.2%
国家安全学	1402	72	71	−1.4%
设计学	1403	0	2,421	—
遥感科学与技术	1404	0	5	—
智能科学与技术	1405	0	53	—
纳米科学与工程	1406	0	0	—
总计	—	441	2,986	577.1%

注：23 考研中，交叉学科学术型硕士仅有 1401、1402 两个一级学科招生，其余均为 24 考研新增一级学科

与 23 考研相比，24 考研交叉学科学术型硕士研究生统考计划招生人数在原有一级学科基础上增幅最大的是集成电路科学与工程（一级学科代码：1401），其统考计划招生人数增加了 67 人，同比增长 18.2%。

计划报考交叉学科学术型硕士研究生的考生，推荐关注以下统考计划招生人数同比增长的招生单位：

— 北京航空航天大学，集成电路科学与工程（专业代码：140100）
— 东南大学，集成电路科学与工程（专业代码：140100）
— 山东大学，集成电路科学与工程（专业代码：140100）
— 外交学院，集成电路科学与工程（专业代码：140100）
— 天津大学，集成电路科学与工程（专业代码：140100）
— 广东工业大学，集成电路科学与工程（专业代码：140100）
— 南京师范大学，集成电路科学与工程（专业代码：140100）
— 南京邮电大学，集成电路科学与工程（专业代码：140100）
— 太原理工大学，集成电路科学与工程（专业代码：140100）
— 苏州大学，集成电路科学与工程（专业代码：140100）
— 中国科学院大学，集成电路科学与工程（专业代码：140100）

3 交叉学科门类专业型硕士研究生统考计划招生数据

单位：人

招生单位类型	22考研统考计划招生人数	23考研统考计划招生人数	24考研统考计划招生人数
985高校	0	0	170
211高校	0	0	216
其他"双一流"高校	0	0	131
其他普通高校	0	0	323
科研院所	0	0	12

图 2-58　22考研—24考研交叉学科专业型硕士研究生分招生单位类型的统考计划招生人数

24考研为交叉学科专业型硕士研究生首次招生，统考计划招生人数为852人，其中其他普通高校占比最高，为37.9%。

表 2-56　23考研—24考研交叉学科专业型硕士研究生一级学科统考计划招生人数对比

一级学科名称（专业型硕士）	一级学科代码	23考研统考计划招生人数（人）	24考研统考计划招生人数（人）	增长率
文物	1451	0	834	—
密码	1452	0	0	—
总计	—	0	834	—

注：
1) 文物（1451）为24考研交叉学科专业型硕士研究生新增一级学科
2) 24考研统考计划招生人数不含北京大学大数据专业（1453S1）招生18人

24考研中，文物（一级学科代码：1451）统考计划招生人数为834人，占交叉学科专业型硕士研究生招生人数的100%。

计划报考交叉学科专业型硕士研究生的考生，推荐关注以下统考计划招生人数同比增长的招生单位：

- 西北大学，文物（专业代码：145100）
- 景德镇陶瓷大学，文物（专业代码：145100）
- 郑州大学，文物（专业代码：145100）
- 贵州民族大学，文物（专业代码：145100）
- 河南大学，文物（专业代码：145100）
- 重庆师范大学，文物（专业代码：145100）
- 西北师范大学，文物（专业代码：145100）
- 山西大学，文物（专业代码：145100）
- 云南大学，文物（专业代码：145100）

第三章
CHAPTER 3
新东方学员数据分析报告

针对 24 考研，新东方大学生学习与发展中心[①]共计为近 80 万名考生[②]提供了考研备考课程与服务，一如既往地通过专业和优质内容帮助众多考生实现考研上岸的梦想。

随着考研话题热度的持续，一些媒体和机构也在不断炒作诸如"逆向考研"[③]等话题，以换取关注和流量。由于缺少全国范围的官方数据作为参考，新东方大学生学习与发展中心连续两个考季对在读学员的报考目标院校数据进行了分析，基于庞大的样本数量，力争能够得到可信度更高的结论。

从新东方 23 考研和 24 考研学员的报考数据来看，并未出现明显"逆向"报考的情况。相反，绝大多数考生会选择与本科院校同层次或者更高层次的院校作为自己的目标院校，追求自我实现成为主流。

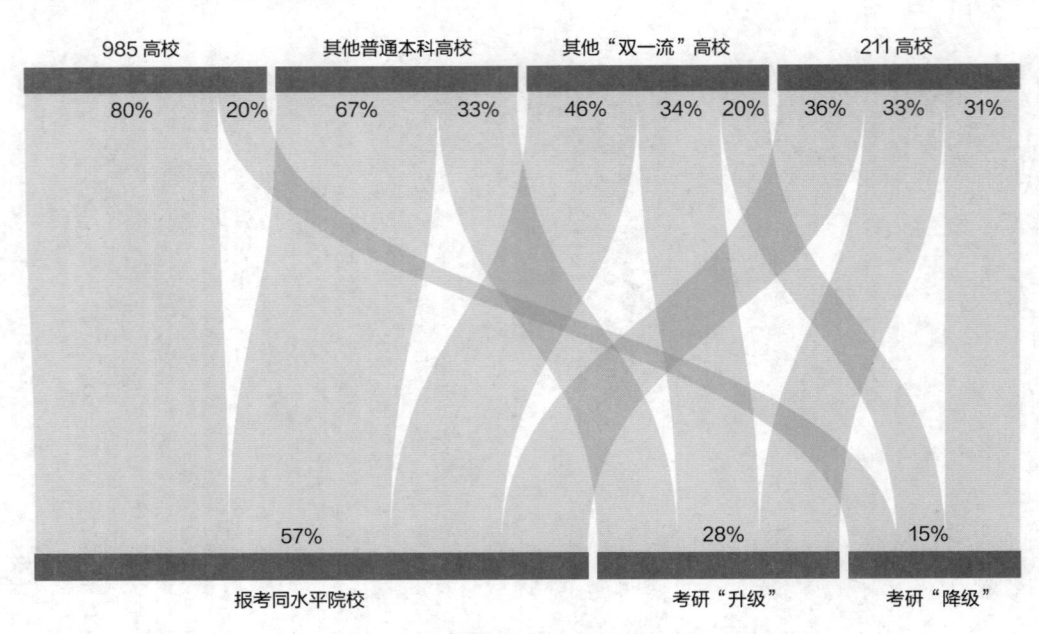

图 3-1　不同层次本科院校的毕业生报考院校层次占比

---

① 包括全国 31 个城市设立的地面学校及大学在线国内事业部
② 该数据包括所有在新东方购买过与考研相关课程或服务的考生人数，该数据已进行过查重处理，并非人次数
③ 该现象是指考生会选择综合实力及排名不如本科就读院校的研究生招生单位作为自己的考研目标

从考生本科院校的层次及报考院校的层次[①]来看，85%的学生会选择报考同等水平院校或者更高水平院校，"逆向"报考的学员占比仅为15%。其中，本科就读于211高校的考生选择非985、211高校报考的人数占比为31%，连续两个考季成为"逆向考研"占比最大的考生群体，但相比23考研，其占比下降了17%，下降趋势明显。本科就读于985高校的考生，80%都会选择继续报考985高校，该项占比与23考季基本持平，仅微增1%；本科就读于其他"双一流"高校及其他普通高等院校的考生，选择升级考研的人数占比均分别为34%和33%。

在为诸多考生提供课程与服务的同时，新东方大学生学习与发展中心通过大量的沟通调查，从多个维度对不同考研群体的特点进行了剖析，从升级报考、降级报考、跨专业报考、跨地区报考、24考季应届考生、非应届考生、在职考生和专科考生等维度进行了决策背后的动机分析，并对已经成功上岸的过往学员进行了读研满意度调查。

现将结果及分析呈现如下，希望能够为25考研和26考研的考生提供一定的帮助。

一、新东方24考研学员报考数据分析

（一）升级报考考生

1　决策依据

决策依据	占比
目标院校的排名及知名度	40%
目标院校的科研资源优势	32%
目标院校所在的地理位置	25%
其他原因	3%

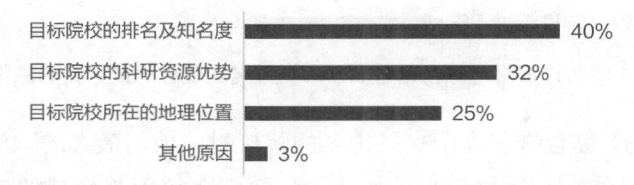

图 3-2　考生选择报考综合排名高于本科排名的院校时最主要的决策依据

目标院校的排名及知名度是考生选择升级考研的最重要的决策因素，占比高达40%。将院校的排名及知名度声望置于首位，不仅因为高排名的学校通常代表着更优质

[①] 招生单位的类型可以分为：985高校、211高校、其他"双一流"高校、其他普通高校、其他招生单位。其中：
　　a. 211高校是指"211工程"高校中，不包括"985工程"高校的部分
　　b. 其他"双一流"高校是指"双一流"高校中，不包括"985工程"高校、"211工程"高校的部分
　　c. 其他普通高校是指全国具备硕士研究生招生和培养资质的普通高等学校中，不包括"985工程"高校、"211工程"高校、其他"双一流"高校的部分
　　d. 其他招生单位是指全国具备硕士研究生招生与培养资质的科研院所、各级党校

的教学水平和更丰富的学术资源，而且名牌学校在社会上往往具有更高的认可度和影响力，能为考生的职业发展提供强有力的背书。

有32%的考生将目标院校的科研资源优势视为重要的考虑因素。对于那些致力于学术研究和专业发展的考生来说，优质的科研资源至关重要。排名靠前的学校通常能获得更多的研发投入，无论是研发经费还是基础设施，都更为优越，因此成为吸引考生报考的关键因素之一。

此外，院校所在地的地理位置也是一个不能忽视的因素，占比25%，影响着考生的选择。通过访谈我们了解到，大城市因其就业机会多、发展前景好和城市福利优越（如文化氛围、医疗条件、教育资源等）通常更受欢迎。这从侧面反映出，除了教育质量，考生也在积极考虑未来的生活质量和职业发展，考研已经不再是一个阶段性的独立事件，而是日益成为考生整体人生规划中的重要环节。

虽然只有3%的考生因其他原因选择报考高排名院校，但这依然揭示了考生群体内部存在着多样化的需求和预期。通过访谈我们了解到，其他原因包括追随心仪的导师（更看重导师的声望和资源，而非高校排名），更看重专业排名（恰好专业排名高的院校也是综合排名高的名校），以及选择名校的弱势专业，以便在考入名校的同时，避开强势专业的竞争压力。

2 决策顾虑

顾虑	比例
报考人数多、竞争激烈	33%
自命题专业课阅卷偏严	29%
复试时本科背景受歧视	22%
来自家人和朋友的不解	16%

图3-3 考生选择报考综合排名高于本科排名的院校时最主要的决策顾虑

当考生考虑报考综合排名高于本科排名的院校时，他们最大的顾虑便是名校的激烈竞争。这一忧虑在受访者中占了33%的比例。热门名校因其优越的教育资源和良好的社会声誉，每年都会吸引大量考生报名，而那些勇于挑战名校的考生，通常也具备较高的综合素质和较好的本科背景。挑战名校，对很多考生来说，是机会与压力并存的。

有29%的考生担心名校的自命题专业课阅卷偏严，导致专业课的分数偏低。自命题专业课的阅卷标准往往因院校而异，且名校通常都较为严格。这使得报考名校的考生在面临调剂时，相比一志愿报考其他自命题专业课给分更加宽松的高校的考生，其初试的总分会处于劣势。由于近年来复试阶段的竞争压力持续走高，越来越多的考生也会从一开始就将复试调剂考虑在内。

有22%的考生顾虑在复试时本科背景会受到歧视。这一担忧源于考生中普遍存在的观念，即名校在复试阶段可能更青睐来自同等级学术背景的申请者。虽然从未有招生单位公开相关的招生倾向，但本科院校综合排名不占优势的考生确实要更加重视对复试的准备，以便在一定程度上抵消复试考官可能具有的偏见。

来自家人和朋友的不解也是考生在决策时必须考虑的一部分，占比为16%。考生在追求学术和职业目标时，往往需要家人的理解和支持。然而，考虑到名校竞争的激烈程度，部分考生的家人和亲友确实会对考生的选择持怀疑态度，这在一定程度上会对考生的决心和心态产生影响。

（二）降级报考考生

1 决策依据

项目	比例
目标院校的报考专业实力	29%
目标院校的竞争压力更小	28%
目标院校所在的地理位置	25%
其他原因	18%

图 3-4　考生选择报考综合排名低于本科排名的院校时最主要的决策依据

当考生决定报考总体排名低于本科母校的研究生院校时，他们的选择依据显示出多样性。

首要的决策因素是目标院校的专业实力，占了29%的比例。对于这些有意选择"逆向考研"的考生而言，一个学校的综合排名并不是唯一的评判标准，专业领域的实力才是决定性的。即便是综合排名稍逊的院校，其在某一专业领域的教学和研究实力如果十分突出，就可能会给考生未来的学术及职业发展带来更加显著的影响。因此，虽然表面上看似是在"降级报考"，实则这些考生所选的目标院校在专业实力上不降反升。

28%的考生将目标院校较低的竞争压力视作重要考虑因素。这一群体是真正"逆向考研"的考生。访谈中发现，选择降级报考以避开激烈竞争的考生，大多数是基于个人实际情况做出的理智选择。在他们当中，有人可能在本科阶段因种种原因成绩不佳，基础相对薄弱；也有人尽管来自名牌大学，但对本科专业缺少兴趣，计划在研究生阶段转专业，因此倾向于选择竞争较小的学校来弥补自身的不足。虽然确实存在一些考生仅仅是为了确保能"顺利上岸"而选择降级报考，但大多数选择"逆向考研"的考生，在决策前都经过了深思熟虑。

25%的考生将目标院校的地理位置作为决策的考虑因素。这一点从侧面说明，考生在做报考决策时，不仅仅考量学术因素，同时也注重未来的定居城市与就业前景。访谈显示，考生们非常重视读研院校所在城市的经济状况、就业机会、文化气氛以及生活的便利性等方面。

还有18%的比例由其他原因构成，这些原因主要包括"更看重某位导师的实力和资源（根据导师而非排名选择学校）"以及"综合考虑家庭资源或伴侣情况（综合家庭需求，或家庭能提供的就业/定居资源）"。

除此之外，还有部分考生的目标院校是专业研究机构或者党校，这些单位不与普通高校同列排名，因而导致被动"逆向考研"。

2 决策顾虑

决策顾虑	占比
对未来就业的帮助变小	32%
来自家人和朋友的不解	28%
对今后继续读博的影响	22%
毕业后校友的资源质量	18%

图 3-5　考生选择报考综合排名低于本科排名的院校时最主要的决策顾虑

考生在选择报考综合排名低于本科母校的目标院校时，他们的决策反映了对未来职业前景的深思熟虑。

担心对未来就业的帮助变小是考生最为关注的问题，占了32%的比例。这揭示了一个普遍观念：学校的知名度和排名在就业市场上的重要性不言而喻。就业是考生必将面对的现实挑战，高排名的学校通常代表着更广阔的就业渠道和更优厚的薪酬待遇。因此，选择排名较低的学校，在某种程度上会影响这部分考生的就业前景，特别是那些报考院校的综合排名和专业排名都有所下降的考生。相对地，报考综合排名虽降但专业排名有所上升的院校的考生，大都不会有这样的担忧。

考生面临的社会心理压力，特别是来自家人和朋友的不理解占比28%，排在第二位。这类考生的亲朋好友往往已经远离校园多年，难以理解考生放弃更高排名学校的决定。通过访谈我们可以发现，这种社会心理压力以及旁人的期望，的确给"逆向考研"的考生带来了决策上的迟疑和心理负担。

担心影响将来读博机会的考生占了22%。这些考生普遍担忧，由于他们选定的目标院校在学术实力上普通，或者缺乏相应的专业博士点，未来的学术道路可能会受阻。读博与学术研究及未来的学术生涯紧密关联，选择一个在学术界受到广泛认可的学校对于他们来说至关重要。因此，尽管"逆向考研"可以在短期内减轻硕士研究生的竞争压力，从长远考虑，它可能会造成其他问题。

最后，考生还关注毕业后校友资源的质量，这方面的顾虑占比18%。在职场发展中，校友网络和资源的作用至关重要，特别是在当前商业化和市场化不断加强的环境

中。对于那些本科就读于知名学府的考生来说，如果在研究生阶段选择了排名较低的学校，他们可能会失去一些原本可通过校友和导师获得的潜在资源和支持。

（三）跨专业报考考生

1. 决策依据

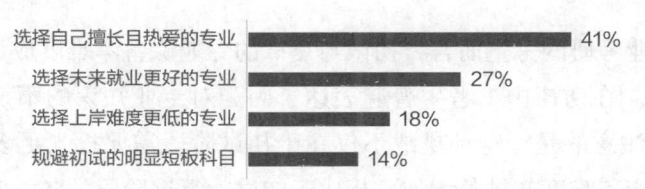

选择自己擅长且热爱的专业	41%
选择未来就业更好的专业	27%
选择上岸难度更低的专业	18%
规避初试的明显短板科目	14%

图 3-6 考生选择跨专业报考最主要的决策依据

对于跨专业考研的考生而言，选择个人既擅长又热爱的专业显得尤为关键，这一因素的重要性占比高达 41%。这不仅凸显了个人兴趣与优势在选择专业时的影响力，而且反映出考生在大学本科学习期间对自己的能力和兴趣有了更为深入的了解，并据此形成了对未来职业方向的明确规划。因此，挑选与个人喜好及能力相匹配的专业，成为众多跨专业考研考生决策的核心动力。

此外，有 27% 的考生在跨专业选择时更偏向于未来就业前景更为广阔的领域。在竞争日益激烈的职场上，那些市场需求强劲的专业能够为毕业生开辟更多就业机会，提供更具吸引力的薪资前景。从采访中可以看出，这部分考生倾向于选择那些就业岗位更多、地区优势更明显、发展空间和薪酬水平更有吸引力的专业。同时，也有一小部分考生的选择受到家庭背景的影响，例如父母或亲友在某行业的从业背景或资源网络，促使他们决定跨专业考研。

考生在专业选择上也会权衡"上岸难度"，这一考量的占比达到 18%。这种战略性的选择透露出现实的思考：通过选择准备难度相对较低、竞争不那么激烈的专业，来提高被录取的可能性。

另外，有 14% 的考生将规避自己的明显短板科目作为选择依据。考生希望通过回避自身的弱项科目，来充分发挥自己的优势，从而提高初试成绩。在访谈中，有多名考生表示，他们之所以选择更换专业，是由于自己数学成绩不佳（因此选择不考数学的科目）或者不擅长大量记忆性学习（因此选择背诵量小的科目）。

2 决策顾虑

专业课备考的难度更大	35%
复试时跨专业劣势明显	25%
联系学长学姐更加困难	21%
缺少报考同专业的研友	19%

图 3-7 考生选择跨专业报考最主要的决策顾虑

对选择跨专业考研的考生而言，初试与复试的专业课备考难度成为最大的顾虑，整体占比高达 60%。在访谈中，考生普遍表达了因为对专业知识的不熟悉而面临的备考困难。尤其值得注意的是，这种挑战不仅在于初试阶段需要投入更多时间学习专业课程，复试阶段的准备难度亦显著增加。相比于初试，复试阶段的备考时间通常较短，而且有些院校复试的参考资料数量比初试更多，对考生提出了更高的要求。此外，由于缺乏对该专业深层次的了解，跨专业的考生可能在复试中无法同有专业背景的考生那样充分展示自己的专业素养和研究潜力。

如何建立联系并获取上届学生的建议和资源也是跨专业考研学生所面临的难题，有 21% 的考生对此表示担忧。学长学姐们的经验和建议对于考研学生具有重要的指导价值，尤其是对于报考非本科院校自命题专业的考生。成功考上的学长学姐们不仅能提供实用的备考建议，还能在真题资源和复试准备方面为考生提供宝贵帮助。由于人际网络资源的局限，跨专业的考生在信息获取和资源共享方面往往处于劣势。

此外，还有 19% 的考生表示，缺乏同专业的备考同伴也是一个不容忽视的问题。拥有研友的支持和协作对备考至关重要：同专业的研友可以提供合作学习的机会，互相交流复习方法，共享资料，这在跨专业备考时通常难以实现。

（四）跨地区报考考生

1 决策依据

目标院校所在地的经济水平	36%
目标院校的综合或专业排名	32%
目标院校专业考研上岸难度	18%
目标院校距家庭所在地距离	14%

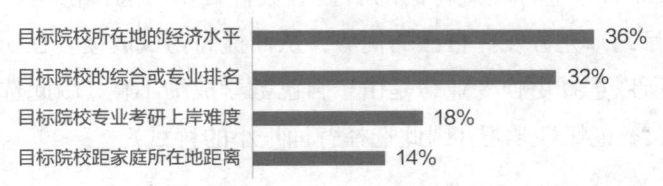

图 3-8 考生选择跨地区报考最主要的决策依据

当考虑跨地区考研时，目标院校所在地的经济发展水平成为影响考生决策的首要因素，占了36%的比例。在选择目标院校的过程中，考生会密切关注院校所在城市的经济状况。经济发展水平较高的地区，通常可以提供更多的就业机会、更广的行业选择以及丰富的实习机会。这些都是考生为自己的职业发展做准备时不可或缺的资源。访谈显示，选择跨城市考研的考生，一方面会考虑城市的总体经济水平——这类考生大多是为将来可能在该城市或其周边地区定居提前做规划；另一方面，他们也会评估城市的经济产业结构是否与他们选择的专业相匹配，以便在就业时能有更广阔的选择。

其次，目标院校的综合或专业排名对32%的考生而言至关重要。这些考生在考虑跨城市考研时，并不将学校的地理位置作为核心决策因素，而是更加注重院校的综合或专业排名。

有18%的考生在考虑跨城市考研时，会将上岸难度作为一个重要因素。对他们来说，学校所在地的地理位置同样不是核心考虑的因素。这部分考生中的大多数在择校择专业阶段，就把报考目标定在竞争相对较小的院校专业上，而将院校的地理位置作为次要或较不重要的考虑因素。

此外，目标院校与家庭所在地的距离对一些考生而言也是一个重要的考虑点。这些考生通常与家庭有较为紧密的联系，很多人直到本科阶段都没有离开过家乡所在的省市。因此在确定考研目标时，他们会对那些距离家庭较远或交通不便利的院校持谨慎态度。

2 决策顾虑

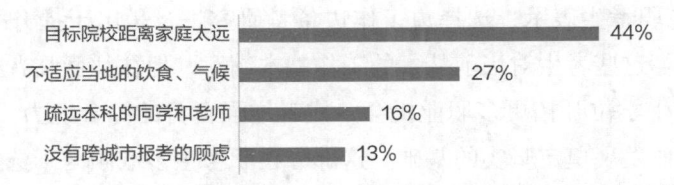

决策顾虑	比例
目标院校距离家庭太远	44%
不适应当地的饮食、气候	27%
疏远本科的同学和老师	16%
没有跨城市报考的顾虑	13%

图3-9 考生选择跨地区报考最主要的决策顾虑

首先，担忧目标院校距离家庭过远是考生们最主要的顾虑，占了44%的比例。远离家乡可能带来的额外经济压力、情感缺失以及生活上的不便，是很多考生在选择院校时不得不面对的实际问题。通过访谈得知，有些考生提到，他们不愿意离家太远，一方面是因为挂念家人，另一方面，他们也担心面对异地恋情的挑战。确实，随着年龄的增长，考生们在决策时需要考虑的因素越来越复杂。

其次，生活适应性的担忧占了27%的比例，主要集中在对目标院校所在地的饮食和气候的顾虑上。这通常影响着那些家乡或本科所在地与目标城市在风土人情、饮食习惯上有较大差异的考生。考虑到我国幅员辽阔、地域特色鲜明，对于那些即将在全新环境中开始两到三年研究生生活的学子来说，这的确是一个不容小觑的挑战。

有 16% 的考生表示，他们对跨城市考研的担忧来自可能会与本科时期的同学和教师失去联系。一方面，这是基于现实的人际关系考量——对于那些不太擅长社交的学生来说，与熟悉的环境的分离和人脉的断裂确实会引发对建立新的社交圈的忧虑。另一方面，在访谈中，部分考生也表达了他们的担心主要源于专业领域的人脉问题，这对于本科就读于有较高专业壁垒和人脉圈子专业的考生尤其明显，他们担心离开了熟知的同学、学长学姐和导师后，将面临更多挑战。

当然，也有 13% 的考生表示，在选择考研目标院校时没有特别考虑城市因素，这部分考生更关注学术资源、考研难度等问题。对他们来说，院校所在城市并不是一个重要的考虑点。

（五）在职考生

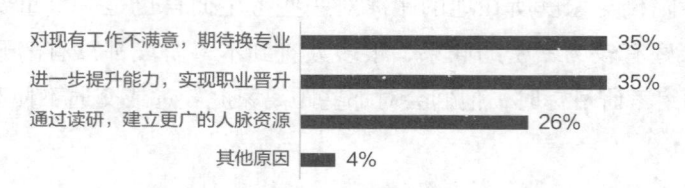

1 决策依据

决策依据	比例
对现有工作不满意，期待换专业	35%
进一步提升能力，实现职业晋升	35%
通过读研，建立更广的人脉资源	26%
其他原因	4%

图 3-10　在职考生最主要的决策依据

有 35% 的在职考生表示，选择边工作边备考研究生，是出于提升个人能力和促进职业晋升的考虑。这些考生对当前从事的工作基本满意，但往往面临晋升瓶颈。他们希望通过攻读研究生学位开拓更多职业机会，或者增强自身的综合能力、拓宽人际网络，为自己未来的职业发展奠定坚实的基础。这部分在职考生多数倾向于选择非全日制研究生课程，尤其是工商管理硕士（MBA）项目，因为 MBA 的考试科目较少，备考压力也相对较小，加上有提前面试的机制，进一步降低了考研难度。

同时，还有 35% 的在职考生选择读研，是出于对现职工作的不满，他们期望通过转专业来实现职业生涯的转变。访谈发现，这些考生大多在毕业后直接进入职场，但在选择工作时缺乏清晰的职业规划，工作一段时间后发觉所从事领域的发展空间有限，或者对该领域缺乏热情，因此考虑通过考研来转变职业路径。然而，由于现实的经济负担或是考研决心不够坚定，他们没有选择辞职备考，而是一边工作一边备考，这对他们的时间管理和备考质量提出了更高的挑战。

此外，26% 的在职考生表示，他们选择攻读研究生是为了扩展人脉资源。这部分人多数已在职场中担任高层管理岗位多年，或是创业成功、掌管着自己的企业，职业发展顺利。这类考生读研的初衷并不单纯是为了能力提升，而是希望借此机会结识更多业界精英、拓展人脉。对于这些考生来说，非全日制的 MBA 项目同样是首选。

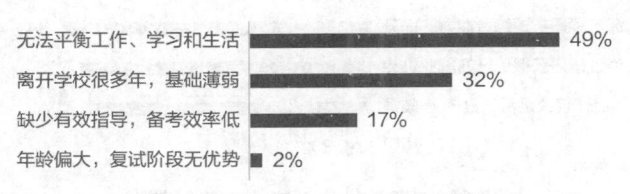

❷ 决策顾虑

决策顾虑	比例
无法平衡工作、学习和生活	49%
离开学校很多年，基础薄弱	32%
缺少有效指导，备考效率低	17%
年龄偏大，复试阶段无优势	2%

图 3-11 在职考生最主要的决策顾虑

对在职考生而言，最为突出的决策顾虑是如何在繁忙的工作、紧张的学习和个人生活之间找到平衡点，这一点占了 49% 的比例。时间管理和精力分配成了在职考生面临的最大挑战之一，他们必须要在工作职责、备考压力以及家庭与个人生活的需求中寻找平衡。通常难以实现各方面兼顾，往往要做出一定的妥协，这在客观上影响了在职考生的备考质量。

其次，有 32% 的在职备考者担心由于离开学校多年，自己的基础比较薄弱，无法适应长时间的高强度学习，从而会影响备考的结果。特别是对于那些不参加管理类联考综合能力（199）考试的考生而言，他们不得不在继续工作的同时准备英语和政治考试，这不仅对他们的时间和精力管理提出了更高的要求，也对他们的记忆力和外语水平构成了巨大的挑战。即使是报考考查管理类联考综合能力（199）考试相关专业的在职考生，在面对长时间没有接触的基础数学和逻辑内容时，也会感到这是一个全新的挑战，这对于已经毕业很久的考生来说同样是个不小的挑战。

另外，17% 的在职考生担心他们缺乏有效的指导和备考效率不高。这主要是因为他们在收集学习材料、制订学习计划上需要投入大量时间，而通常效果比较一般，因此制约了备考的效率。与此同时，与全日制备考的考生不同，在职考生没有机会参加长期的面授课程，因而无法得到辅导老师的直接指导和问题解答；那些选择线上课程的在职考生则需要更强的自制力和学习能力，以维持长期的备考，否则也会影响他们的备考效率和成果。

最后，有 2% 的在职考生认为，年龄偏大可能会在复试阶段成为一种不利因素。虽然年龄理应不该成为学习的障碍，但这种看法反映出社会和个人层面将年龄和学习能力相关联的刻板印象，这部分考生担心这可能导致在复试阶段自己不被考官看重，甚至遭受不公正的对待。

（六）专科考生

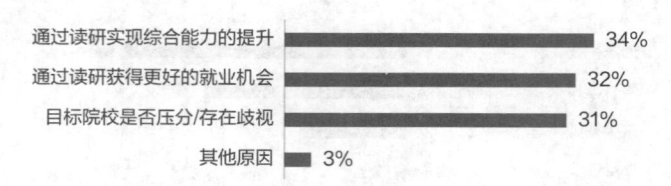

1 决策依据

通过读研实现综合能力的提升　34%
通过读研获得更好的就业机会　32%
目标院校是否压分/存在歧视　31%
其他原因　3%

图 3-12　专科考生最主要的决策依据

提升综合能力是专科生选择考研的主要动因，占比高达 34%。通过访谈这部分考生不难发现，他们对未来有清晰的规划。许多人对专科阶段的学习和生活感到不甚满意，通过在工作中获得的经验（专科生考研需以同等学力身份报考，即获得国家承认的高职高专毕业学历满 2 年或 2 年以上），他们开始用更加现实和理性的眼光审视考研这一决策。一位受访者分享说，基于她之前的工作经验和生活状态，考研成了改变其人生轨迹的最佳途径。

其次，有 32% 的专科生考研是为了获取更好的就业机会。对于这些考生而言，决策背后是对现实需求的深思熟虑。在很多行业和领域里，更高的学历常常是更好职位的敲门砖，也是企业招聘时考虑的一个关键条件。很多人毕业后虽然有稳定的工作，但受限于最初的学历，在职业发展上遇到了明显的壁垒，触手可及的发展机会难以把握，因此他们决定通过考研来突破这一局限。

出人意料的是，31% 的考生把目标院校是否存在对专科生的歧视作为考研的一个重要考虑因素。访谈显示，由于身边选择考研的同伴不多，许多专科生对考研的流程和录取机制知之甚少，他们多依赖网络搜集片段化的信息。这导致他们常常担心会遭遇学历歧视等"潜规则"，从而在决定是否考研时犹豫不决。

2 决策顾虑

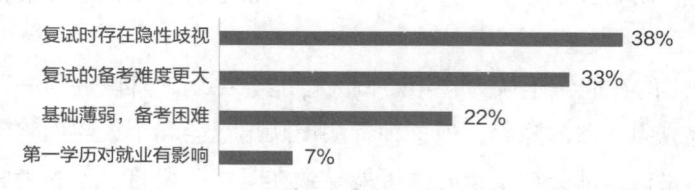

复试时存在隐性歧视　38%
复试的备考难度更大　33%
基础薄弱，备考困难　22%
第一学历对就业有影响　7%

图 3-13　专科考生最主要的决策顾虑

在决定是否报考研究生及选择目标院校时，专科考生最主要的顾虑是在复试阶段可能面临的隐性歧视，这一点的占比高达 38%。访谈中透露出，许多考生都在一定程度上担心，自己由于专科的第一学历背景，在复试环节可能会受到不平等的待遇。这种歧视通常表现为评委的偏见，致使专科背景的考生必须展现出更出色的表现，才能得到与其他考生相等的评价和分数。这种可能存在的偏见增加了他们的上岸难度，并导致他们在选定目标院校时，格外注重该院校的风评。

其次，33%的专科考生担心复试的备考难度更大。复试阶段通常包括面试、笔试或其他形式的能力评估，这不仅要求考生具备扎实的专业知识，还要有灵活应用相关知识的反应能力。专科生由于学习时间和深度可能不及本科生，没有接受过某一专业领域系统的本科教育，因此在指定的复习范畴（通常是指定的参考书）之外，通常要花费更多的时间提升背景知识储备，这客观上增加了他们复试备考的难度。

另外有22%的考生表示，做出考研决策时，他们的主要顾虑是初试的备考难度。这些担忧主要集中在英语和专业课的备考上。由于专科考生已经离开学校工作了一段时间，他们大多数人的英语基础相对薄弱，需要从基本功开始，投入大量时间来准备英语考试。非记忆类的专业课也成为不少专科考生的难点，主要是因为这些科目往往要求对专业基础课程有所掌握，这对未系统接受本科专业教育的考生来说，无疑备考的负担加重了。

二、新东方已上岸考生数据分析

（一）上岸考生读研满意度

表 3-1　上岸考生的读研满意度

研究生年级	非常满意	满意	一般	不太满意	非常不满意
研一	35%	30%	18%	12%	5%
研二/研三	30%	34%	25%	3%	8%
已毕业	42%	37%	12%	3%	6%

为了更好地衡量读研的产出是否达到预期，以及帮助正在读研和即将读研的同学更好地适应研究生生活，我们对已经成功入学的研究生进行了问卷调查和访谈，收集他们对研究生学习满意度的反馈。调查结果表明，不同年级的研究生对读研的满意度有所差异。

在研究生一年级的同学中，有35%表示非常满意，30%表示满意，总计达到65%

的满意度,这表明大多数新入学的研究生对他们的研究生生活感到相对满意。然而,还有12%的学生表示不太满意,另有5%表示非常不满意。通过访谈发现,不满意的主要原因包括:院校和专业选择不匹配、导师指导不足或学术资源有限、难以适应新环境。

具体来看,"院校和专业选择不匹配"的问题通常发生在那些为了确保能够入学而报考了不太了解或不喜欢的专业,或在调剂过程中更换了研究方向的同学身上,这一问题导致他们目前的学习内容与自己的期待存在较大偏差。"导师指导不足或学术资源有限"这一点,往往是因为就读的专业近年快速扩招,导致导师对每个学生的平均关注度下降,或者会安排学长学姐(通常为在读博士研究生)进行新生的带教和管理,这与学生预期的导师互动存在差距。"难以适应新环境"的问题,则常见于交际不畅的学生中,他们可能感到孤单,或在与导师的沟通上遇到障碍。

对于研究生二年级或三年级的同学(由于学制导致就读年限不同,因此选择读研最后一年的同学作为调查对象),非常满意的比例略降至30%,而满意的比例上升至34%,两者加起来仍超过半数。感到一般的比例上升至25%,而表示不太满意或非常不满意的总比例降至11%。访谈显示,在研究生最后一年的同学,相比初入研究生阶段的新生,能够更理性和客观地处理问题,人际交往通常不再构成大的障碍,与导师的沟通也更为顺畅。他们的担忧多与就业相关,如热门岗位的学历要求变高或薪资未达到预期。

对已经毕业的硕士研究生来说,非常满意的比例升至最高的42%,满意比例为37%,这显示了大多数(79%)毕业生在步入职场后对自己的研究生经历感到满意。同时,不太满意和非常不满意的比例下降至9%。这一变化的原因在于,已毕业的研究生能够基于更长远的时间评估他们的教育回报,而像读研期间出现的人际问题、对学校设施的不满以及求职中的挫折这样的短期困扰,已不再是他们关注的焦点。

(二)应届上岸考生

1 决策依据

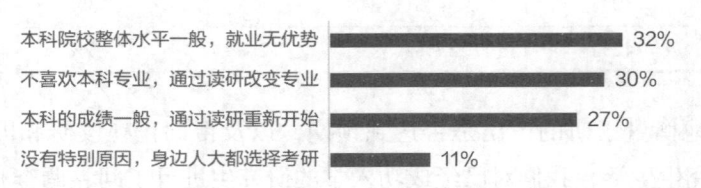

决策依据	比例
本科院校整体水平一般,就业无优势	32%
不喜欢本科专业,通过读研改变专业	30%
本科的成绩一般,通过读研重新开始	27%
没有特别原因,身边人大都选择考研	11%

图 3-14 应届上岸考生最主要的决策依据

在应届生选择考研的动机中,为就业打下坚实基础和转变专业方向是主要的决策依据。有32%的应届生选择考研,是因为自己的本科毕业院校的整体水平并不足以让自己在激烈的就业市场中获得优势。这个比例再次强调了一个现实：对于那些本科背景相对一般、面对较大就业压力的学生而言，研究生教育是其提升就业竞争力的重要手段。更高的学历水平不仅可以带来更多的就业机会，也能提升他们在职场上的议价能力。

其次，30% 的应届生考研群体表示，选择考研是为了改变他们的专业方向。这部分考生希望借助研究生教育，转入他们更热衷的领域。从访谈中可以看出，这些考生对自己的优势和未来规划有着明确的认识，他们或是通过考研来弥补和修正高考志愿的选择遗憾，或是为了追求内心真正热爱的专业。考研是这部分考生追求自我发展和自我实现的重要契机。

此外，还有 27% 的考生表示，他们选择考研是因为自己的本科成绩比较一般，没能达到自己的发展预期，希望通过读研重新开始。这部分考生中，不乏在本科期间有挂科或延长学习年限的经历，他们对自己本科前两到三年的表现感到不满，但在经历了某些生活转折后，他们决定认真改变，希望通过考研来开启人生的新篇章，寻找更好的自我。

最后，有 11% 的应届上岸生表示，选择考研的原因是跟随周围人的决策。这部分考生往往具备不错的学习能力和中等偏上的本科成绩，但大多对未来缺乏明确的规划。他们通常是基于亲友的建议或是跟随大众趋势报考研究生，这在一定程度上反映了社会环境和集体趋势对个人选择的影响力。

❷ 影响备考质量的主要原因

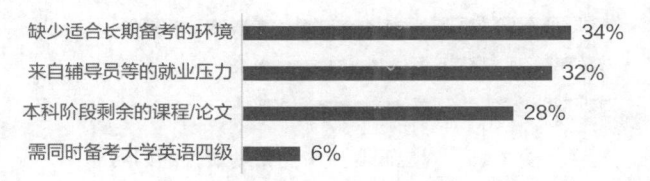

原因	比例
缺少适合长期备考的环境	34%
来自辅导员等的就业压力	32%
本科阶段剩余的课程/论文	28%
需同时备考大学英语四级	6%

图 3-15　影响应届上岸考生备考质量的主要原因

应届生通常会在大学三年级正式开始备考。近年来，也有越来越多的考生将备考的启动时间提前到了大学二年级，以获取更为充裕的准备时间。在备考期间，应届生还需要应对校内课程、实习和毕业论文等诸多事务，因而，有效的时间管理和科学的备考计划就显得非常重要。通过问卷调查和访谈，我们收集了已经考研成功的应届生在备考过程中遇到的主要困难，供正在备考的同学们参考。

首先，34% 的应届生认为最大的问题是缺乏一个合适的长期备考环境。尽管很多高校都会为考研的同学提供专属的备考教室，图书馆和自习室的开放时间也会对考研同学更加友好，但通过访谈可以发现，在需要长时间、高强度进行备考时，常规教室的条件往往难以满足要求。诸如占座困难、缺乏休息空间、不能自由使用电子设备等问题，都是应届生在校园中面临的实际挑战。此外，访谈中应届考生提到比较多的环境因素，是宿舍同学的作息安排与自己的备考节奏不一致,特别是当室友已经保研或者找到工作后,保证一个安静、规律的休息环境更是难上加难。

其次,32%的应届生感受到来自辅导员和学院的就业压力。在大四上学期的关键备考阶段,不少学生因校方的就业压力而不得不同时关注求职,他们常常需要提前找到一份工作以作保障。当前的就业环境对应届生的要求越来越高,用人单位也对应聘者可能的考研成功和随之而来的解约风险持谨慎态度,导致"保底"工作不仅占据了学生的时间,还可能扰乱了他们的备考节奏,并加剧了心理焦虑。

此外,占比28%的学生提到,本科阶段剩余的课程和毕业论文同样是不可忽视的因素。面对毕业论文的开题、选题,与导师沟通和资料搜集等任务,学生们必须投入大量时间,这无疑会影响考研的准备。对于那些需要完成剩余学分或参加补考的学生来说,维持备考的连续性变得更加困难,常常需要中断考研学习以应对课程考试,备考效率也会降低。

最后,6%的应届生指出,准备大学英语四级考试也对他们备考产生了影响。这主要是因为他们的本科院校将英语四级证书作为毕业的必要条件之一,因此他们需要在备考研究生的同时,分出精力准备英语四级证书考试。

3 对上岸帮助最大的因素

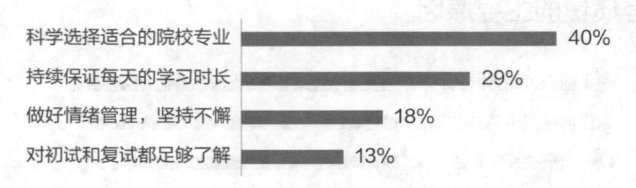

科学选择适合的院校专业	40%
持续保证每天的学习时长	29%
做好情绪管理,坚持不懈	18%
对初试和复试都足够了解	13%

图 3-16 对应届上岸考生帮助最大的因素

在回顾成功考研的经历时,应届考生认为对自己帮助最大的因素是科学选择报考目标,占比高达40%。显然,在经历初试和复试的挑战、了解了其他考生失败的原因之后,他们对于择校、择专业的重要性有了更加深刻的认识。多数受访者表示,科学合理地选择报考目标,能够帮助自己规避一些不必要的竞争,提升上岸的概率。不少上岸成功的考生建议,在确定报考目标时,一定要注意联系自己的优势和不足,结合院校的题目考查特点综合决策。

有29%的考生提到了持续保证备考时长的重要性。考研是一场拉锯战,备考过程中最忌讳三天打鱼两天晒网。要实现循序渐进备考,考生需要具备科学的备考计划和较强的自我管理能力。在访谈中,很多考生也提到了报名新东方的课程,来自老师和学习管理师的提醒和督促是他们能够长时间坚持高效备考的原因之一。

此外,有18%的同学提到,备考过程中要做好情绪管理。备考期间,情绪波动在所难免，尤其是在考前三个月，许多考生会陷入自我怀疑和焦虑，这往往是临近考试的压力加剧以及长期备考导致的情绪疲劳。这个阶段也常常是考生放弃考研的高峰期。因此，能够主动调整情绪、保持坚韧不拔的决心，对于考研的成功至关重要。

最后，尽管只有13%的考生提到对初试和复试的充分了解是他们成功的关键，但这一点非常关键。了解考试的结构、内容、形式以及评分标准，可以帮助考生更有针对性地准备考试，尤其是提前对复试的各项要求做好准备。

4 平均每日有效备考时长

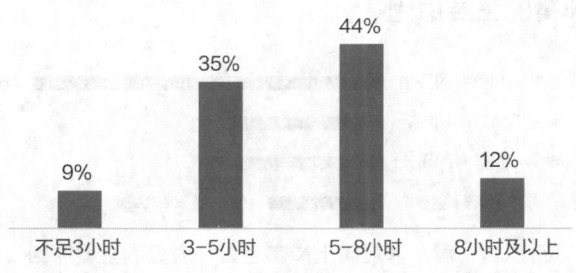

- 不足3小时：9%
- 3-5小时：35%
- 5-8小时：44%
- 8小时及以上：12%

图 3-17 应届上岸考生的平均每日有效备考时长

注：
1）有效学习时长 ≠ 总学习时间，有效学习时长是指考生在一天中可以保证精力集中、状态良好的备考时间
2）每天有效学习时长超过5小时的考生中，超过60%的应届考生选择了新东方集训营产品进行备考

（三）非应届上岸考生

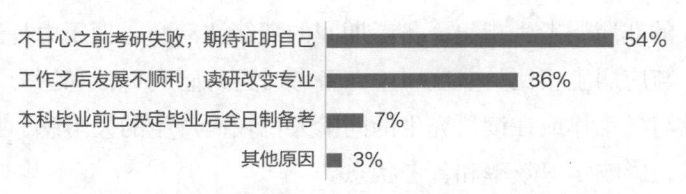

1 决策依据

- 不甘心之前考研失败，期待证明自己：54%
- 工作之后发展不顺利，读研改变专业：36%
- 本科毕业前已决定毕业后全日制备考：7%
- 其他原因：3%

图 3-18 非应届上岸考生最主要的决策依据

在非应届毕业生决定考研的众多因素中，实现自我证明和寻求更好的职业发展是最主要的原因。有54%的非应届生选择继续考研是出于对之前考研失败的不甘，他们期望通过再次挑战来证明自己。这些考生拥有至少一次考研失败的经历，对考研的整个流程、选择学校的策略、考研的难度以及自身的弱点有着深刻的理解。他们在总结了前次经验之后，不甘心轻易放弃，因此决定再次挑战，选择二战或者三战考研。

另外，有36%的非应届生选择读研，是因为他们毕业后首先选择了就业，在走入职场一段时间后，由于职业发展未达到他们的预期，因此选择通过考研来实现跨专业的转变，以寻求全新的职业道路。与兼职备考的在职考生不同，这部分考生为了更好地备考，通常会选择辞职脱产复习，而不是一边工作一边备考。

值得注意的是，本科毕业前已决定毕业后全日制备考的非应届生，占比达到了7%。通过访谈了解到，这部分考生在本科毕业前便坚定了考研的决心，但因为种种原因，在校期间未能确保充分的备考时间和精力，他们选择放弃大四上学期的考研机会，在本科毕业后直接转入全日制的备考。

2 影响备考质量的主要原因

缺少适合长期备考的环境	45%
备考期间情绪波动和内耗	21%
身边缺少一起备考的研友	19%
考研的同时准备其他考试	15%

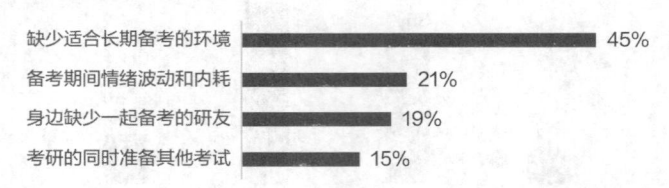

图 3-19 影响非应届上岸考生备考质量的主要原因

非应届考生是指已经本科毕业但能够全日制脱产备考的考生。他们中的很多人都是二战或者三战考研。

对这部分考生而言，最大的挑战是缺少适合长期备考的环境，这一难题占比高达45%。通过访谈可以发现，由于他们已离开校园，无法再继续使用学校的资源和设施，因此需要重新选择一个合适的生活和学习环境。尽管一些考生选择租房备考，但鉴于生活成本和备考环境的双重考量，多数成功入学的非应届考生更倾向选择培训机构提供的住宿课程。这不仅能最小化日常事务的干扰，还能利用外部监督和集体学习氛围，提高学习效率。

其次，21%的非应届考生指出，备考期间的情绪波动和心理压力是影响备考质量的一个重要因素。与应届生相比，非应届生在备考时更易感到孤独和压力。来自家庭和朋友的期望，以及与已工作或在读研究生的同龄人比较而产生的失落感，都会导致备考过程中的情绪起伏，影响学习效率和备考状态。

另外，19%的考生认为，身边缺少一起备考的研友是主要的影响因素。在备考过程中，有研友一同备考，能显著缓解备考压力。研友不仅可以互相鼓励，共享资料，解决疑难问题，还可以提供必要的情绪价值。非应届考生，特别是二战考研时更换专业备考的考生，寻找到一同备考的考生尤为困难。

最后，还有15%的考生提到，同时准备其他考试也会影响考研备考的效率。在访谈中，部分非应届生提到自己迫于压力或者自我怀疑，在备考研究生的同时，也在为公务员考试或其他专业证书考试做准备，这也在客观上影响了他们备考的专注度和效率。

3 对上岸帮助最大的因素

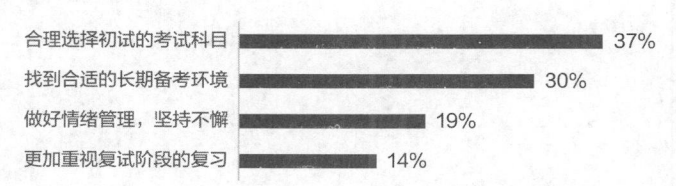

合理选择初试的考试科目 37%
找到合适的长期备考环境 30%
做好情绪管理，坚持不懈 19%
更加重视复试阶段的复习 14%

图 3-20　对非应届上岸考生帮助最大的因素

在非应届考生中，37% 的人认为选择合适的初试科目是他们成功考研的关键。访谈显示，这些考生往往经历过一次或多次考研失败，这些经历让他们在重新选择报考目标时变得更加理性，他们会更仔细地考察目标院校的初试和复试科目，并有意识地规避自己的弱点，从而提升自己的上岸概率。

30% 的非应届考生强调，寻找一个合适的长期备考环境对于成功上岸至关重要。对于二战或三战考研的考生来说，由于长期承受备考压力，与其他人的沟通交流较少，他们通常会在时间管理和自我管理方面陷入困境。此时，一个理想的备考环境，不仅有较少的干扰和良好的生活条件，还有来自外界的管理和监督，也是让他们重新找回高效备考状态的重要原因。

19% 的非应届考生提到，情绪管理和持之以恒的态度对他们的考研成功起到了重要作用。与应届生相比，二战或三战考研的考生面临的外界压力和自我压力往往更大，所以，有效地调节情绪、保持积极的心态对于维持备考效果非常关键。

最后，14% 的考生提及，对复试阶段的充分重视在他们最终成功上岸的过程中发挥了显著作用。一些考生在访谈中坦言，他们第一次考研失败的根本原因在于没有给予复试阶段足够的重视，尽管初试成绩优秀，但复试时的不理想表现导致了最终的落榜。因此，他们在初试结束后，会立刻进入复试的备考。

4 平均每日有效备考时长

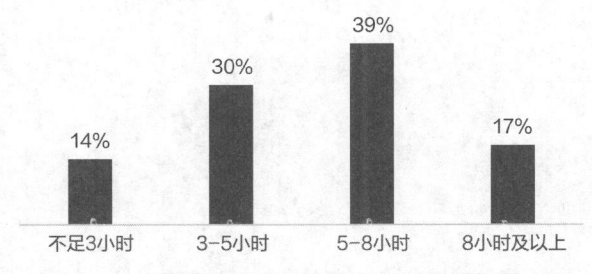

不足3小时 14%
3-5小时 30%
5-8小时 39%
8小时及以上 17%

图 3-21　非应届上岸考生的平均每日有效备考时长

注：
1）有效学习时长 ≠ 总学习时间，有效学习时长是指考生在一天中可以保证精力集中、状态良好的备考时间
2）每天有效学习时长超过 5 小时的考生中，超过 70% 的非应届考生选择了新东方集训营产品进行备考